ERP 沙盘企业信息化实训教程

张庆华　刘兆军　郑雪峰　主编

清华大学出版社
北　京

内 容 简 介

本教材依据经管类专业的培养目标，按实训课程的要求，突出实用性、实践性和立体化的特点编写。

全书以企业信息化(ERP 为代表)概念和原理为基础，围绕 ERP 沙盘企业经营的过程，通过 ERP 电子沙盘工具的训练，为学生熟悉企业经营环境提供一个相对真实的情境，体验 ERP 在普通企业经营中的实际意义；通过 ERP 沙盘业务与 ERP-T6 软件操作的对比，自然过渡到 ERP 软件实际操作能力的培养，将理论、体验、操作 3 个环节无缝衔接，帮助学生建立沙盘的企业信息化处理概念；通过一套简化的、业务贯通的教学案例，为学生提供一个入门环境，以熟悉软件为根本，体验 ERP-T6 的基本操作和设计，使学生能较为系统地理解 ERP 所代表的企业管理信息化中的先进理念，并将所学知识得以深化理解。

本书结构清晰，案例充实，实用性强，既可作为普通高校经管类相关专业的教材，也可供企业相关 ERP 从业人员参考使用。随书立体教学包附带有教学课件和录像、教学大纲、电子教案、ERP 账套数据、ERP 沙盘软件竞赛平台等，便于教学和自学。读者可通过 http://www.sapn.cn 获得上述资源。

本书封面贴有清华大学出版社防伪标签，无标签者不得销售。

版权所有，侵权必究。举报：010-62782989，beiqinquan@tup.tsinghua.edu.cn。

图书在版编目(CIP)数据

ERP 沙盘企业信息化实训教程/张庆华，刘兆军，郑雪峰　编著. —北京：清华大学出版社，2011.7（2024.1 重印）

ISBN 978-7-302-25771-4

Ⅰ. E… Ⅱ. ①张… ②刘… ③郑… Ⅲ. 企业管理－计算机管理系统，ERP－高等职业教育－教材 Ⅳ. F270.7

中国版本图书馆 CIP 数据核字(2011)第 113120 号

责任编辑：刘金喜
封面设计：久久度文化
版式设计：康　博
责任校对：蔡　娟
责任印制：丛怀宇

出版发行：清华大学出版社
　　　　网　　址：https://www.tup.com.cn, https://www.wqxuetang.com
　　　　地　　址：北京清华大学学研大厦 A 座　　邮　　编：100084
　　　　社 总 机：010-83470000　　邮　　购：010-62786544
　　　　投稿与读者服务：010-62776969，c-service@tup.tsinghua.edu.cn
　　　　质 量 反 馈：010-62772015，zhiliang@tup.tsinghua.edu.cn
印 装 者：涿州市般润文化传播有限公司
经　　销：全国新华书店
开　　本：185mm×260mm　　**印　张**：11.5　　**字　数**：309 千字
版　　次：2011 年 7 月第 1 版　　**印　次**：2024 年 1 月第 13 次印刷
定　　价：32.00 元

产品编号：042563-02

前言

20世纪90年代以来，企业在经济全球化和信息技术飞速发展的连续推动下，以ERP为代表的企业管理信息化技术得到了快速发展，并有效地提升了企业的管理水平和竞争实力。ERP成为了企业管理信息化的代名词，它集先进的管理思想和最佳的企业业务实践为一体，受到了企业的广泛关注，并由此出现了对相关人才的迫切需求。目前，各院校在管理人才培养中亦充分认识到了ERP教学的重要性。利用先进的信息技术来改革和创新教学方法和教学内容，加强实践教学环节，提高学生的动手实践能力，已经成为人才培养模式改革，特别是经管类人才培养模式改革的着力点。各个院校都在积极开展ERP沙盘模拟教学、ERP软件教学和相关认证培训，希望通过信息化方式模拟企业经营，让学生比较好地了解企业运作和信息化流程，提高在校生解决公司管理实际问题的能力，增加企业实践技能，提高就业砝码。

但是，从院校ERP教学教材来看，以应用型人才培养为目标，贴近经济管理类ERP教学实践的教材较少。有些偏重理论讲解，有些偏重系统开发，更多的偏重ERP软件的特定业务操作介绍；侧重从供应链、生产链和财务链三大部分进行划分，没有重视对企业流程整体过程的训练，缺乏以系统观点解决问题的全局意识，使教学造成人为割裂；各部分模块介绍求细求全，功能纷繁复杂，在有限的实训教学时间内，学生无法掌握和理解。

本书的编写突出综合性特征，将ERP理论、ERP沙盘、ERP软件3个教学内容进行有效整合，围绕ERP沙盘企业进行业务流程模拟，构成了一体化训练模式的ERP沙盘企业管理信息化综合实训。

本书按实训类课程的要求，将ERP沙盘模拟和ERP软件操作进行了巧妙的结合，即通过ERP电子沙盘训练，为学生熟悉企业经营环境提供一个相对真实的情境，以团队竞争为基础，体验ERP在普通企业经营中所蕴含的实际意义，并对ERP软件环境有一定的熟知；通过一套简化的、业务贯通的教学案例，为学生提供一个入门的环境，以熟悉软件为根本，体验ERP的基本操作和设计，使学生能较为系统地理解ERP所代表的先进管理理念。教材简明扼要地论述了ERP理论、ERP电子沙盘、ERP软件操作等问题，既顾及理论介绍，又兼顾实际应用；既注重通过ERP模拟实训获得感性体验，又考虑了ERP软件操作的理性训练；教学中尽可能简化内容，同时又注重实训的效果和质量。

本书共分5章，第1章主要介绍ERP沙盘企业信息化综合实训的基本原则、总体目标、考核方法及实训环境，构建整个ERP沙盘企业信息化综合实训体系的框架；第2章简单回顾了ERP的基本概念，按照时间发展的线索，介绍了ERP系统的历史发展过程，并以畅捷通ERP-T6软件为例，给出ERP系统的整体结构框架；第3章介绍了ERP沙盘实训的概念、规则、软件工具的使用技巧，为下一步更好地学习ERP原理和进行软件操作奠定牢固的基础；第4章

ERP 沙盘企业信息化实训教程

介绍了 ERP 沙盘与 ERP 软件操作之间的对应关系，帮助学生建立企业信息化处理的感性认识；第 5 章通过一套简化的、业务贯通的教学案例，为学生提供一个入门的环境，以熟悉软件为根本，体验 ERP 的基本操作和设计，使学生系统地理解 ERP 所代表的先进管理理念，熟悉 ERP 系统的全部流程。

本书配套了立体教学包，含有教学课件、电子教案、教学大纲、ERP 账套数据、操作录像以及免费的 B/S 版 ERP 沙盘软件竞赛平台供读者使用，读者可以进入http://www.sapn.cn/获得上述资源。

本书由黑龙江科技学院张庆华编写第一、二、三章，辽宁商贸职业学院刘兆军编写第四章，黑龙江科技学院郑雪峰编写第五章，全书由张庆华总纂。另外，本书的编写得到了畅捷通软件有限公司的协助，在此特别感谢公司培训部陈江北、陆蕙、汪刚、张娣、刘海峰等给予的大力支持和帮助。

由于编者水平有限，时间仓促，书中如有不当和错误之处，恳请读者批评指正。

编　者
2011 年 4 月

目 录

第1章 ERP沙盘企业信息化实训概述 ································· 1
- 1.1 实训的基本原则 ································· 1
- 1.2 实训的总体目标 ································· 2
- 1.3 实训的总体设计 ································· 3
- 1.4 实训的环境要求 ································· 6

第2章 ERP的背景知识 ································· 8
- 2.1 ERP的基本概念 ································· 8
- 2.2 ERP的发展历史 ································· 9
- 2.3 ERP系统结构与特点 ································· 18
- 2.4 ERP功能模块和业务处理流转 ································· 19

第3章 ERP沙盘企业经营模拟实训 ································· 21
- 3.1 沙盘模拟实训概述 ································· 21
- 3.2 盘面总体结构介绍 ································· 24
- 3.3 人员岗位及业务分工 ································· 25
- 3.4 市场竞单规则 ································· 26
- 3.5 企业经营规则 ································· 28
- 3.6 竞赛评比规则 ································· 32
- 3.7 ERP电子沙盘软件使用说明 ································· 33

第4章 ERP-T6处理沙盘企业经营流程 ································· 54
- 4.1 模拟业务概述 ································· 54
- 4.2 模拟业务基础档案录入 ································· 56
- 4.3 模拟业务期初数据录入 ································· 68
- 4.4 日常业务处理 ································· 81

第5章 ERP-T6操作全流程体验 ································· 107
- 5.1 ERP-T6全流程框架 ································· 107
- 5.2 ERP-T6基础数据设置 ································· 109
- 5.3 ERP-T6初始设置 ································· 128
- 5.4 ERP-T6业务处理体验 ································· 133

附录1 企业经营流程记录表 ································· 158

附录2　生产计划及采购计划(举例) ……………………………………………… 162
附录3　开工计划 …………………………………………………………………… 165
附录4　采购及材料付款计划 ……………………………………………………… 166
附录5　ERP沙盘企业信息化实训成绩记录单 …………………………………… 167
附录6　ERP沙盘模拟任职报告 …………………………………………………… 171
附录7　成绩记录单 ………………………………………………………………… 173
附录8　管理信息化综合实训平台操作简介 ……………………………………… 174

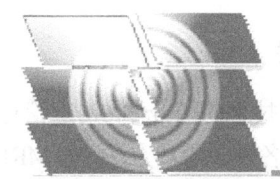

第1章
ERP沙盘企业信息化实训概述

内容提要

信息化,是指企业充分利用现代信息技术建立起信息网络系统,使信息流、资金流、物流、工作流集成和整合,不断提高管理效率和水平,实现资源优化配置,进而提高企业经济效益和竞争能力的过程。在企业的实际应用中,其最典型的代表是ERP(Enterprise Resources Planning,企业资源计划)系统。ERP 系统是企业管理中各层面信息高度集成的过程,其中蕴含着先进的管理思想,具有很强的理论性和实践性,其核心是理解企业的业务处理流程,系统把握企业经营管理的整体过程,并能在特定的环境中加以应用。因此,院校教学中如何组织和设计企业实训教学环节,成为一个重要课题。本章介绍了基于 ERP 沙盘企业信息化实训的基本原则、总体目标、考核方法及实训环境,构建了 ERP 沙盘企业信息化实训体系。

本章重点

- ➢ 理解实训的原则、总体目标和体系设计。
- ➢ 了解实训的考核方式。
- ➢ 了解实训的环境要求。

1.1 实训的基本原则

1. 对课程的涵盖性

ERP 是现代企业全方位和系统化的管理平台,它建立在信息技术的基础上,利用现代企业的先进管理思想,全面集成企业所有资源信息,为企业提供决策、计划、控制、经营与业绩评估能力。它贯穿着企业的生产管理、购销管理、财务管理、人力资源管理等整个企业管理活动,涵盖了目前大部分管理类专业主干课程的教学内容。因此,构建以 ERP 为核心的实训体系是各院校培养管理类专业人才的重要途径。

2. 对实践的侧重性

ERP 是一个管理与技术的融合体，对理论与实践都有较高要求。从理论角度来看，既涉及到现代企业经营管理的各种思想和方法，如 MRP、MRPII、及时制、敏捷制造、供需链管理等，又涉及到对企业职能的管理，需要协调市场、生产、供应、财务以及人力资源等诸多部门关系；从实践角度来看，需要如计算机软硬件、软件系统设计、信息系统项目实施、网络通信、管理软件操作等信息技术的支持。院校进行 ERP 人才培养，不管具体涉及什么专业，都必须同时具备管理和技术两个方面的技能要素，并注重理论与实践的结合。

但是，学生在校期间对企业没有一个明确的认识，不清楚企业的运作方式，很难全面地分析企业存在的管理和技术问题，对传统企业职能管理模式在信息化应用环境下存在的问题，也是知之甚少。因此，ERP 沙盘企业管理信息化要侧重于对实践能力的培养，按照"理论够用、动手能力强"的观念来大力培养应用型人才，且必须充分考虑到学生没有接触过真实企业的实际困难。

3. 对学习的自主性

一方面，面对庞大的 ERP 系统，即便是 ERP 咨询专家，也不能完全熟练地掌握所有功能模块；另一方面，ERP 是一个动态体系，其蕴含的管理思想还在随着现代企业的发展而进化着，功能模块也在持续地更新，更多的管理特征正不断地加入到这一体系中，这就要求学生必须不断学习 ERP 新出现的有关概念，掌握 ERP 软件的新功能、新技术，以应对行业巨大的挑战和压力。因此，要想有效地利用课堂时间掌握 ERP 实践应用，就要注重学生对于 ERP 新知识的自学能力。通过应用多种教学手段和方法，ERP 沙盘企业信息化构建了相对真实的教学环境，鼓励学生在不断变动的环境中培养发现问题、识别问题、分析问题、解决问题的能力，这也是应用型人才培养的关键。

1.2 实训的总体目标

结合近年来 ERP 教学过程中取得的经验和教训，本书认为，在以应用型人才培养为目标的本科生教育模式下，教学的重点应该是管理与技术的融合，并能够对理论基础进行知识结构的扩展和延伸。围绕这一理念，ERP 沙盘企业信息化的教学目标包括如下几点。

(1) 掌握必要的 ERP 基本理论和相关概念，并能够在此基础上进行自主式学习。

(2) 能够通过 ERP 沙盘企业模拟经营的训练，初步了解企业的经营特征和业务流程，以及企业内部信息进行传递、共享、集成的重大意义。

(3) 了解 ERP 沙盘企业中模拟业务与 ERP 软件环境之间的映射关系，对比认识 ERP 系统。

(4) 掌握 ERP 系统中的主要功能模块，体验 ERP 软件操作的完整流程，掌握软件各模块间的业务处理关系，并对其进行熟练操作和应用。

另外，经过 ERP 沙盘企业信息化实训的锻炼，结合所考取的相关的职业资格证书，学生可以到应用 ERP 软件的企业任职，或承担企业 ERP 实施、维护等服务工作，推动企业 ERP 项目的开展，提升企业通过使用软件获得的效益。

1.3 实训的总体设计

1. 实训内容的设计

考虑到实践性教学的特点，本书在设计上留出了学生思考的空间，将整个实训分为4部分，包括ERP理论简述ERP电子沙盘模拟实训(模拟一个企业的主要经营过程)、ERP电子沙盘与ERP软件对比实训、ERP软件全流程体验实训，具体内容体系如图1-1所示。

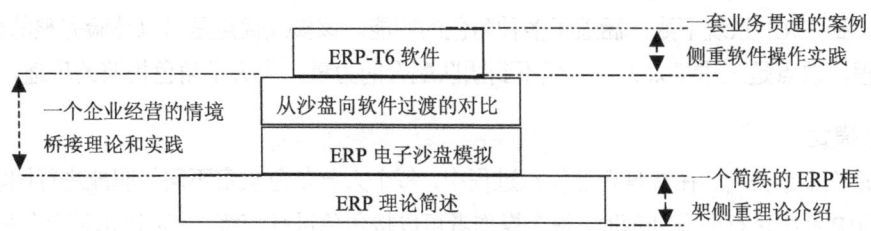

图1-1 ERP沙盘企业管理信息化内容体系

(1) ERP理论简述

ERP沙盘企业管理信息化的开展必须以坚实的理论为基础。本书简明扼要地介绍了ERP的基本原理和发展历史，使学生对实训内容和项目始终保持清晰的理解和把握，做到对具体操作不仅知其然，而且知其所以然，以期取得满意的实训效果。

(2) ERP电子沙盘模拟实训

以制造型企业为背景，反映了普通制造企业的基本特征，为学生熟悉企业经营环境提供一个基本真实的情境，并以团队竞争为基础，体验ERP在普通企业经营中所蕴藏的实际意义。沙盘实训重点是让学生在教学过程中，体验企业基本业务流程，并伴随企业的盛衰荣辱，感受企业经营的魅力。本书采用了一种全新的ERP电子沙盘系统，支持教学过程可视化。通过对企业盘面、账簿和流程清单的仿真模拟，学生可以更快捷、准确地掌握模拟企业典型业务的流程。

(3) ERP电子沙盘与ERP软件对比实训

以模拟企业的业务活动为实训资料，通过ERP电子沙盘系统的辅助，对比企业信息化方式与手工操作方式之间业务处理的差异，让学生切身感受到手工处理和计算机处理之间岗位设置、业务流程的不同，深刻理解信息化的必要性和优越性。

(4) ERP软件全流程体验实训

通过一套简化的、业务贯通的教学案例，建立和描述业务活动的情境，为学生提供一个入门的环境。以熟悉软件为根本，体验ERP的基本操作和设计，使学生系统性地理解ERP所代表的先进管理理念,熟悉 ERP 系统的全部流程,使用信息化手段灵活地进行业务处理,将学生在学习过程中所得到的隐性知识进行深化,成为学生自己知识体系的一部分,提升自己的能力水平。

2. 实训方案设计

在 ERP 沙盘企业管理信息化过程中,可以针对不同的教学目标和需要,采取不同的实训教学模式。

(1) 单人模式

使用 ERP 电子沙盘系统和 ERP-T6 系统时,每个人单独进行实训。这种实训方案在实施时,可方便地进行操作。每一个人代表一个公司,整个公司的运营完全由其本人独立思考,从沙盘企业的模拟,到 ERP 系统下账,涵盖了多种角色的职能。该模式优点是可以体验完整的企业信息处理过程,缺点是工作量太大,感受不到团队配合的力量,失去了角色扮演的乐趣。

(2) 团队模式

分小组建立多个公司,在沙盘企业模拟过程中,每个人分角色负责不同的职能进行团队配合。在操作 ERP 系统进行业务处理时,每个操作者可以按角色进行演练,也可以由某个角色(如财务主管或信息主管)独自操作全流程,应注意不同公司有各自不同的账套。该模式优点是运用团队配合模式,符合企业 ERP 业务处理实际情况,仿真程度高;缺点是信息沟通压力大,容易产生操作错误。

3. 实训组织设计

(1) 明确实训目标和实训要求。

(2) 明确实训背景资料。

(3) 准备实训环境——系统配置、角色扮演、实训数据准备。

(4) 在实训进行前,认真阅读实训指导;实训完毕,借助实训小结,提供相应的实训报告,通过实训加深对 ERP 原理和应用的理解。

4. 实训辅助手段设计

(1) ERP 电子沙盘

本教程包括 ERP 电子沙盘模拟实训、从沙盘到 ERP 软件对比实训、ERP 软件全流程实训 3 个主要部分,其中 ERP 电子沙盘起到了承上启下的教学连接和支撑作用。通过 ERP 电子沙盘的可视化盘面、自动报表系统、手工账仿真系统,学生可以轻松地学习沙盘知识,迅速纠正错误,更好地进行模拟企业的经营;通过 ERP 电子沙盘的信息化业务处理仿真,学生可以直观地建立起模拟企业经营活动与 ERP-T6 软件处理之间的概念桥梁,为深入理解 ERP 软件原理和整体架构奠定基础。

(2) 实时在线帮助

在 ERP 软件全流程实训过程中,如有问题,可以查看 ERP-T6 软件的在线帮助系统。该帮助系统全面而详细地介绍了 ERP-T6 软件的基本操作、业务处理的信息化方法和技巧，以及大量特殊业务的解决方法，是学生进行自主学习和提高的一种途径。

(3) 实训数据准备

由于本教程设计的实训内容均是企业日常处理过程，且各实训步骤具有连贯性，学生需要在实训前做好相应的数据准备工作，并将实训数据恢复到相应的账套中。本书对每章均配备了实训数据，供读者反复针对该部分内容进行操作练习。

(4) 借助媒体课件

为了使学生清楚地掌握实训过程，本书提供了实训视频，在操作过程中遇到问题时，可以参照视频进行处理。

5. 实训考核设计

实训考核包括理论题目、ERP 沙盘训练、从沙盘到 ERP-T6 对比性训练、以及 ERP 软件操作训练 4 个项目，具体考核内容及其分值见表 1-1 所示。

表 1-1 实训考核项目及分值

序 号	考 核 项 目	分 数
项目 1	ERP 理论题目考试	10 分
项目 2	ERP 沙盘模拟任职报告	10 分
	ERP 沙盘量化权益	10 分
项目 3	过渡训练(从沙盘到 ERP-T6)	20 分
项目 4	ERP 软件全流程体验	50 分

(1) 理论考试

闭卷，30 分。主要考察理论课程中对于 ERP 基本概念的掌握程度。

(2) ERP 沙盘考试

分为定性和定量考核两部分。在全部经营年度结束后，软件系统给定的模拟经营权益为定量成绩。同时要求每个学生认真撰写模拟企业任职报告，进行定性考核。

(3) 过渡实训的考核

要求完成指定的训练内容，保证与电子沙盘软件生成界面一致。

(4) ERP 软件操作考核

要求完成指定的训练内容，保证操作过程与结果均正确。

1.4 实训的环境要求

1. 软件基本要求

表 1-2 是对软件运行的基本要求,是为了满足 ERP 电子沙盘和 ERP-T6 的环境而提出,在安装前,建议重新安装操作系统,并保持网络的畅通。

表 1-2 软件基本要求

需要项目	操作系统	其他
数据库服务器	Microsoft Windows NT Server 2000 或以后版本 (建议使用 Windows Server 2003)	Microsoft Internet Explorer 6 SQL Server 2000+SP4 Internet Information Server 6 ERP 电子沙盘监控端 ERP 电子沙盘系统教师端
客户端	Microsoft Windows 2000 专业版以后版本 (建议使用 Microsoft Windows XP 专业版)	Microsoft Internet Explorer 6 Internet Information Server 6 Microsoft Office 2003 用友 ERP-T6 企业管理软件 ERP 电子沙盘系统学生端

2. 硬件基本要求

(1) 服务端

CPU:PentiumⅡ 800MHz 以上,建议使用 Intel CPU。

RAM:2GB 以上。

Hard Disk:20GB 以上。

Network:100M Ethernet Adapter。

Tape Drive:DDS-2 以上。

CD-ROM:24X 以上。

(2) 客户端

CPU:PentiumⅡ 800MHz 以上,建议使用 Intel CPU。

RAM:1GB 以上。

Hard Disk:8GB 以上。

Network:100M Ethernet Adapter。

(3) 局域网络

网线：CAT-5 的非屏蔽双绞线(UTP)。

集线器：10/100M Auto Switch 的 Switch Hub。

本章小结

本章简要地介绍了 ERP 沙盘企业信息化实训的原则、目标、体系设计、考核方式以及实训环境的要求，给出了本课程进行实践活动的整体框架结构。

通过本章的学习，可以明确本书所涉及的实训项目任务，了解 ERP 沙盘企业信息化实训的大体情况。

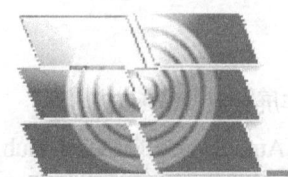

第2章 ERP的背景知识

内容提要

ERP 系统是一个内涵和外延都相当丰富的概念,集成了众多的管理思想和信息技术的应用,是企业内部使用的最为复杂的信息系统之一,其功能覆盖了企业运营和管理的方方面面。进行 ERP 沙盘模拟实训,就必须了解 ERP 的概念和工作原理。同时,需要理解 ERP 系统的结构,能够从全局角度来看待 ERP 系统的数据如何在企业业务部门中进行流转和处理,可以为进行下一步企业经营模拟和 ERP 软件操作的训练做好知识上的铺垫。

本章作为后续实训的先导部分,简洁明了地介绍了 ERP 的基本概念,从管理思想、软件产品、管理系统 3 个角度进行了分析和阐释,然后按照时间发展的线索,介绍了 ERP 系统的历史发展进程,并以畅捷通 T6 企业管理软件为例给出 ERP 系统的整体结构框架。

本章重点

- ➢ 掌握 ERP 的定义和内涵。
- ➢ 掌握 ERP 的发展历史。
- ➢ 掌握 ERP 的系统结构。

2.1 ERP 的基本概念

1. ERP 的定义

作为新一代的 MRP II,其概念由美国 Gartner Group Inc.(加特纳集团公司)于 20 世纪 90 年代初首先提出。Gartner Group 信息技术词汇表中关于 ERP 的定义为:"一个由 Gartner Group 提出的概念,描述下一代制造经营系统和制造资源计划(MRP II)的软件。它包含客户/服务架构,使用图形用户接口,采用开放式系统制作。它除了已有的(MRP II)标准功能外,还包括其他特性,如质量、过程运作管理以及管制报告等。这就是新一代的 MRP II,即企业资源计划。"

2. ERP 的基本内涵

ERP 是一个不断发展的概念，其内涵也因时、因人而有所不同。需要强调的是，ERP 是一个企业解决方案，它是企业管理者在面对竞争时，结合信息技术应用而提出的一个企业集成信息系统解决方案。

对管理者而言，ERP 是一个复杂的概念，借助如图 2-1 所示的 ERP 概念层次图，我们能从不同角度认识 ERP 的内涵，为 ERP 的理解提供帮助。

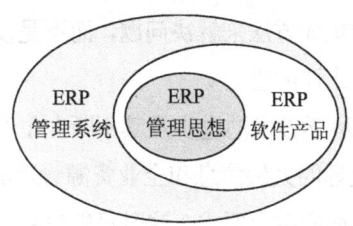

图 2-1　ERP 概念层次图

上图从管理思想、软件产品、管理系统 3 个层次给出 ERP 的定义如下：

(1) ERP 是美国著名 IT 咨询公司 Gartner Group Inc.提出的一整套企业管理系统体系标准，其实质是在 MRP II 基础上进一步发展而成的、面向供需链(Supply Chain)的管理思想。

(2) ERP 是综合应用了客户机/服务器体系、关系数据库结构、面向对象技术、图形用户界面、第四代语言(4GL)、网络通信等信息产业成果，以 ERP 管理思想为核心的软件产品。

(3) ERP 是建立在信息技术基础上的，整合了企业管理理念、业务流程、基础数据、人力和物力、计算机硬件和软件于一体的企业资源管理系统，以实现对企业物流、资金流、信息流的一体化管理。

上述定义和解释基本上反映了 ERP 最新的发展成果，但在实际研究和应用中，还需结合社会发展的实际需求、信息技术发展的最新成果、企业的自身特点量身而定。现实当中，无论国内外，ERP 应用成功的比率都很少，据统计，真正取得效益的仅在 30%左右。究其原因，问题不在于 ERP 自身，而在于如何将 ERP 用于企业，也就是说，如何将先进的 ERP 管理思想、成熟的 ERP 软件产品与企业的内外环境相结合，形成有效的 ERP 管理系统，这也是信息系统领域几十年来研究的核心问题。

2.2　ERP 的发展历史

ERP 理论是随着产品复杂性的增加、市场竞争的加剧及信息全球化而产生和形成的，大致经历了 4 个阶段：基本 MRP 阶段、闭环 MRP 阶段、MRP II 阶段以及 ERP 阶段。

20 世纪 40 年代初期，西方经济学家根据对库存物料随时间推移而被使用和消耗的规律，提出了订货点理论，并将其运用于企业的库存计划管理中。

20 世纪 60 年代中期,美国 IBM 公司的管理专家约瑟夫·奥列基博士首先提出了独立需求和相关需求的概念,制造业为了打破"发出订单,然后催办"的计划管理方式,设置了安全库存量,为需求与订货提前期提供缓冲。

20 世纪 70 年代,企业的管理者们已经清楚地认识到,真正需要的是有效的订单交货期,因而产生了对物料清单的管理与利用,形成了物料需求计划(MRP)。

20 世纪 80 年代,企业的管理者们认识到制造业要有一个集成的计划,以解决阻碍生产的各种问题。要以生产与库存控制集成方法来解决问题,而不是以库存来弥补或以缓冲时间方法去补偿,于是 MRP II (制造资源计划)产生了。

20 世纪 90 年代以来,随着科学技术的进步及其不断向生产与库存控制方面的渗透,解决合理库存与生产机制问题需要处理的大量信息和企业资源管理的复杂化,要求信息处理的效率更高。传统的人工管理方式难以适应以上要求,这时只能依靠计算机系统来实现。而且信息的集成度要求扩大到企业的整个资源的利用和管理,因此产生了新一代的管理理论与计算机系统——企业资源计划(ERP)。

ERP 是当今国际上较先进的企业管理模式,其主要宗旨是对企业所拥有的人、财、物、信息、时间和空间等资源进行综合平衡和优化管理,面向全球市场,协调企业各管理部门,围绕市场导向开展业务活动,使得企业在激烈的市场竞争中全方位地发挥足够的能力,从而取得最好的经济效益。下面分别介绍 ERP 的形成历史及有关理论和思想。

1. 订货点

早在 20 世纪 30 年代初期,企业控制物料的需求通常采用控制库存物料数量的方法,为需求的每种物料设置一个最大库存量和安全库存量。由于物料的供应需要一定的时间(供应周期,如物料的采购周期、加工周期等),因此不能等到物料的库存量消耗到安全库存量时才补充库存,而必须有一定的时间提前量,必须在安全库存量的基础上增加一定数量的库存。这个库存量作为物料订货期间的供应量,应该满足这样的条件:当供应的物料到货时,物料的消耗刚好到达安全库存量。这种控制模型必须确定两个参数:订货点与订货批量,如图 2-2 所示。

订货点法的应用需要满足如下的假设。

(1) 各种物料需求相互独立

订货点法不考虑物料项目之间的关系,每项物料的订货点分别独立地加以确定。因此,订货点法是面向零件的,而不是面向产品的。但是,在制造业中有一个很重要的要求,那就是各项物料的数量必须配套,以便能装配成产品。如果对各项物料进行分类、独立地预测和订货,则会在装配时发生各项物料数量不匹配的情况。这样,虽然单项物料供货率提高了,但总的供货率却降低了。因为不可能每项物料的预测都很准确,所以积累起来的误差反映在总供货率上将是相当大的。

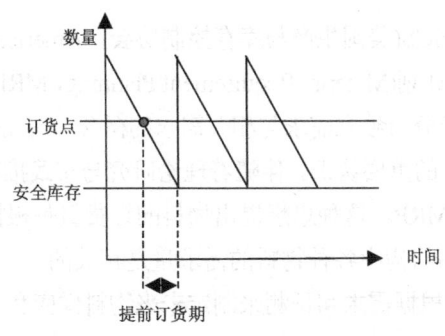

图 2-2 订货点法

例如，用 10 个零件装配成一件产品，每个零件的供货率都是 90%，而联合供应率却降到 34.8%。一件产品由 20 个、30 个甚至更多个零件组成的情况是常有的，如果这些零件的库存量是根据订货点法分别确定的，那么要想在总装配时不发生零件短缺，则只能是碰巧的事。

(2) 物料需求的连续性

按照这种假定，需求必须相对均匀，库存消耗率必须稳定。而在制造业中，对产品零部件的需求恰恰是不均匀、不稳定的。库存消耗是间断的，这往往是由于下道工序的批量要求引起的。即使对最终产品的需求是连续的，由于生产过程中的批量需求，引起对零部件和原材料的需求也是不连续的。这就提出了一个如何确定需求时间的问题。订货点法根据以往的平均消耗来间接地指出需要时间，但是对于不连续的非独立需求来说，这种平均消耗率的概念是毫无意义的。事实上，采用订货点法，系统下达订货的时间常常偏早，在实际需求发生之前就有大批存货放在库里造成积压。而另一方面，却又会由于需求不均衡和库存管理模型本身的缺陷造成库存短缺。

(3) 提前期已知且固定

这是订货点法最重要的假设。但在现实中，情况并非如此。对一项指定了 6 周提前期的物料，其实际的提前期可以在 2～90 天范围内变化。把如此大的时间范围浓缩成一个数字，用来作为提前期的已知数，显然是不合理的。

(4) 库存消耗后应被重新填满

按照这种假定，当物料库存量低于订货点时，则必须发出订货，以重新填满库存。但如果需求是间断的，那么这样做不但没有必要，而且也不合理。因为很可能因此而造成库存积压。例如，某种产品一年中可以得到客户的两次订货，那么制造此种产品所需的钢材则不必因库存量低于订货点而被立即填满。

2. MRP

订货点法受到众多条件的限制，而且不能反映物料的实际需求，往往为了满足生产需求而不断提高订货点的数量，从而造成库存积压，致使库存占用的资金大量增加，产品成本也就随之提高，结果是企业缺乏竞争力。

20世纪60年代，APICS(美国生产与库存控制协会，American Production and Inventory Control Society)的物料需求计划(Material Requirement Planning，MRP)委员会主席 Joseph Orlicky 等人提出了把对物料的需求分为独立需求与相关需求的概念。在此基础上，人们形成了"在需要的时候提供需要的数量"的重要认识。伴随着理论研究与实践推动，发展并形成了物料需求计划理论，也就是基本的 MRP。这种思想提出物料的订货量是根据需求来确定的，这种需求应考虑产品的结构，即产品结构中各种物料的需求量是相关的。

MRP 的基本原理是：根据需求和预测来制定未来物料供应和生产计划与控制的方法，它提供了物料需求的准确时间和数量。

MRP 的数据处理是依据产品结构层次图展开的。产品结构层次图，其顶层是最终产品，最下层是采购件(原材料)，其余为中间件，这样就形成了一定的结构层次。在由直接构成的上下层关系中，把上层的物料(组件)称为母件(有时称为父件，其道理是一样的)，下层的构成件都称为该母件的子件。因此，处于中间层的所有物料(组件、部件)，既是其上层的子件，又是其下层的母件。由于产品构成的层次性，产品在生产时的生产和组装就存在一定的顺序，从生产层次最低的(2层)的子件，到组装中间层次的组件，最后总装为最终产品。以这样的顺序安排生产，排出主生产计划。

如图 2-3 所示的 MRP 系统逻辑模型，回答了企业经营的 4 个问题，即通过系统从主生产计划、独立需求预测来回答"我们将要生产什么？"；通过物料清单(Bill Of Material，BOM)可以回答"用什么来生产？"；把主生产计划等反映的需求按各产品的 BOM 进行分解，从而得知"为了生产所需的产品，我们需要用些什么？"；然后和库存记录进行比较来确定物料需求，即回答"我们还需要再得到什么？"；通过这样的处理过程，使得在 MRP 系统控制下的每项物料的库存记录，都能正确地反映真实的物料需求。MRP 系统逻辑流程模型如图 2-3 所示。

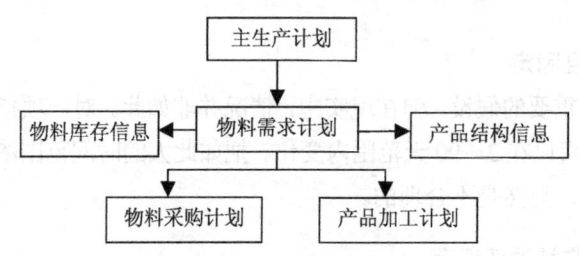

图 2-3　MRP 系统逻辑流程模型

MRP 系统并不是仅仅代替订货点方法开订单的库存管理系统，而是一种能提供物料计划及控制库存，解决订货优先度；根据产品的需求自动地推导出构成这些产品的零件与材料的需求量；由产品的交货期展开成零部件的生产进度日程和原材料与外购件的需求日期的系统。它是将主生产计划转换为物料需求表，并能为需求计划提供信息的系统。应用 MRP 系统前，必须要计算物料的毛需求量和净需求量。可先将物料的毛需求量转化为净需求量，从而进行毛需求量的净化过程，然后根据需求量和需求时间预先排定订单，以便了解缺料情况。

MRP 系统不仅给出订单数量，而且特别强调需要的时间。因此，系统的输出可以作为采购、生产等各项管理的输入，是各项管理的基础。

具体数据处理过程如下。

MRP 系统对每项物料的库存状态按时区做出分析，自动确定计划订货的数量和时间，并提醒人们不断地进行调整。物料的库存状态数据包括：库存量、预计入库量、毛需求量。

库存量也称为库存可用量，是指某项物料在某个时区的库存数量。

预计入库量是指本时区之前各时区已下达的订货中预计可以在本时区之内入库的数量。

毛需求量是为满足市场预测或客户订单的需求或上述物料项目的订货需求(可以是多项订货需求)而产生的对该项物料的需求量，这是一个必须提供的数量。

净需求量则是从毛需求量中减去库存可用量和预计入库量之后的差。

在计算上，净需求量的值可以通过库存量的变化而得到。方法是首先按下面公式求各时区的库存量：

$$某时区库存量 = 上时区库存量 + 本时区预计入库量 - 本时区毛需求量$$

当库存量出现第一个负值时，就意味着第一次出现净需求，其值等于这个负值的绝对值。以后出现的库存量负值，则以其绝对值表示了直至所在时区的净需求量累计值。物料的净需求及其发生的时间指出了即将发生的物料短缺。因此，MRP 可以预见物料短缺。为了避免物料短缺，MRP 将在净需求发生的时区内指定计划订货量，然后考虑订货提前期，指出订货计划的下达时间。

MRP 需要满足如下条件。

(1) 要有一个主生产计划。
(2) 每项物料要有一个独立的物料代码。
(3) 要有一个通过物料代码表示的物料清单(BOM)。
(4) 要有完整的库存记录。

3. 闭环 MRP

MRP 的形成制定过程中，考虑了产品结构相关信息和库存有关信息。但实际生产中的条件是变化的，如企业的制造工艺、生产设备及生产规模都是发展变化的，甚至要受社会环境(如能源的供应、社会福利待遇等)的影响。基本 MRP 制定的采购计划可能受供货能力或者运输能力的限制而无法保障物料的及时供应。另外，如果制定的生产计划未考虑生产线的能力，在执行时就有可能偏离计划，计划的严肃性将受到挑战。因此，利用基本 MRP 原理制定的生产计划与采购计划往往不可行。因为信息是单向的，这与管理思想不一致，所以管理信息必须是闭环的信息流，即由输入至输出再循环影响至输入端，从而形成信息回路。因此，随着市场的发展及基本 MRP 应用于实践，20 世纪 80 年代初在此基础上发展形成了闭环 MRP 理论。

闭环 MRP 理论认为主生产计划(MPS)与物料需求计划(MRP)应该是可行的，即考虑对能力的约束，或者对能力提出需求计划，在满足能力需求的前提下，才能保证物料需求计划的执行和实现。在这种思想要求下，企业必须对投入与产出进行控制，也就是对企业的能力进行校验和执行控制。闭环 MRP 流程如图 2-4 所示。

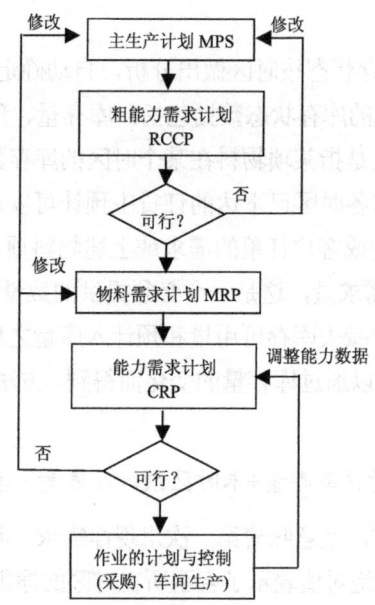

图 2-4 闭环 MRP 流程

从图中可以看出闭环 MRP 的特点如下。

(1) 主生产计划来源于企业的生产经营规划与市场需求(如合同、客户订单等)。

(2) 主生产计划与物料需求计划的运行伴随着能力与负荷的运行,从而保证计划的可靠性。

(3) 采购与生产加工作业的计划与执行是物料的加工变化过程,同时又是控制能力的投入与产出过程。

(4) 能力的执行情况最终反馈到计划制定层,整个过程是能力的不断执行与调整的过程。

根据闭环 MRP 的流程图和特点,可对整个闭环 MRP 的过程概述如下。

① 企业根据发展的需要与市场需求来制定企业生产规划。② 根据生产规划制定主生产计划,同时进行生产能力与负荷的分析。该过程主要是针对关键资源能力与负荷的分析过程。只有通过对该过程的分析,才能达到主生产计划基本可靠的要求。③ 根据主生产计划、企业的物料库存信息、产品结构清单等信息来制定物料需求计划。④ 由物料需求计划、产品生产工艺路线产生对能力的需求,由车间各加工工序能力数据(即工作中心能力)生成对能力的需求,通过对能力需求及供应的平衡,验证物料需求计划。如果这个阶段无法平衡能力,还有可能修改主生产计划。⑤ 采购与车间作业按照平衡能力后的物料需求计划执行,并进行能力的控制,即输入输出控制,并根据作业执行结果反馈到计划层。

闭环 MRP 能较好地解决计划与控制问题,是计划理论的一次大飞跃。但是,它仍然未能彻底地解决计划与控制问题。

4. MRP II

从闭环 MRP 的管理思想来看,它在生产计划的领域中确实比较先进和实用,生产计划的控制也比较完善。闭环 MRP 的运行过程主要是物流的过程(也有部分信息流),但是生产的运作过程中，产品从原材料的投入到成品的产出都伴随着企业资金的流通，对这一点，闭环 MRP 却无法反映出来。并且资金的运作会影响到生产的运作，如采购计划制订后，由于企业的资金短缺而无法按时完成，这样就影响到整个生产计划的执行。

有需求才有发展，市场也是由需求不断推动的。对于新问题的提出，人们会寻求解决方法。1977 年 9 月，美国著名生产管理专家 Oliver W.Wight 提出了一个新概念——制造资源计划(Manufacturing Resources Planning)，它的简称也是 MRP，但是是广义的 MRP。为了与传统的 MRP 有所区别，其名称改为 MRP II。MRP II 对制造业企业资源的有效计划有一整套方法。它是一个围绕企业的基本经营目标，以生产计划为主线，对企业的各种资源进行统一计划和控制的有效系统，也是使企业的物流、信息流和资金流畅通的动态反馈系统，图 2-5 具体说明了 MRP II 的流程。

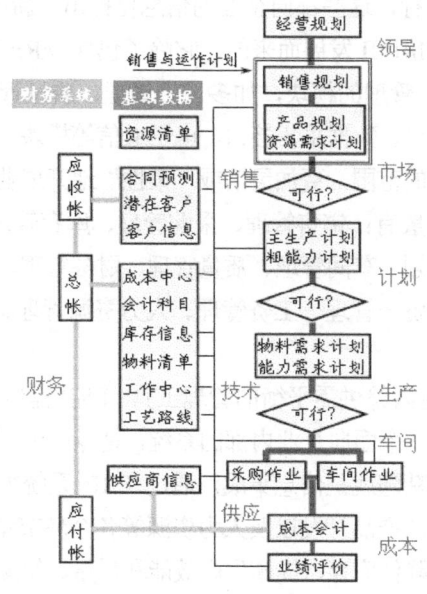

图 2-5　MRP II 流程图

MRP II 的特点如下。

(1) MRP II 将企业中各子系统进行了有机集成，形成了一个面向整个企业的一体化系统。其采购作业根据采购单、供应商信息、入库单形成应付款信息(资金计划)；销售商品后，会根据客户信息、销售订单信息及产品出库单形成应收款信息(资金计划)；可根据采购作业成本、生产作业信息、产品结构信息、库存领料信息等产生生产成本信息；能把应付款信息、应收款信息、生产成本信息和其他信息等记入总账。产品的整个制造过程都伴随着资金流通的过程。通过对企业生产成本和资金运作过程的掌握，调整企业的生产经营规划和生产计划，因而得到更为可行、可靠的生产计划。

(2) MRP II 的所有数据来源于企业的中央数据库。各子系统在统一的数据环境下工作。

(3) MRP II 具有模拟功能，能根据不同的决策方针模拟出各种未来将会发生的结果。

5. ERP

MRPⅡ思想有一定局限性,主要表现在以下几个方面。

(1) 企业竞争范围的扩大,要求各个方面加强管理,并要求企业有更高的信息化集成,要求对企业的整体资源进行集成管理,而不仅仅对制造资源进行集成管理。

(2) 企业规模的不断扩大,多集团、多工厂要求协同作战,统一部署,这已超出了MRPⅡ的管理范围。

(3) 信息全球化趋势的发展要求企业之间加强信息交流和信息共享。企业之间既是竞争对手,又是合作伙伴。信息管理要求扩大到对整个供应链的管理,这些更是MRPⅡ所能不能解决的。

随着全球信息的飞速发展,尤其是Internet的发展与应用,企业与客户、企业与供应商、企业与用户之间,甚至是竞争对手之间都要求对市场信息快速响应,信息共享。越来越多的企业之间的业务在互联网上进行,这些都向企业的信息化提出了新的要求。

ERP理论与系统是从MRPⅡ发展而来的,它除了包含MRPⅡ的基本思想(制造、财务及供销)之外,还大大地扩展了管理的模块,如多工厂管理、质量管理、设备管理、运输管理、分销资源管理、过程控制接口、数据采集接口、电子通信等模块。它融合了离散型生产和流程型生产的特点,扩大了管理的范围,更加灵活或"柔性"地开展业务活动,实时地响应市场需求。ERP系统包括的模块一般有:销售管理、采购管理、库存管理、制造标准、主生产计划、物料需求计划、能力需求计划、车间管理、质量管理、财务管理、成本管理、应收账管理、应付账管理、现金管理、固定资产管理、工资管理、人力资源管理、分销资源管理、设备管理、工作流管理、系统管理等。

ERP是整个企业范围内调整供需平衡的管理工具。ERP提供了联系客户和供应商并使之成为完整供应链的系统,是一个面向企业内部的系统,是专门为解决企业信息集成应运而生的专业性的系统解决方案。其精髓就是信息集成,通过ERP系统把企业的销售、营销、生产、运作、后勤、采购、财务、新产品开发以及人力资源等各个环节集成起来,共享信息和资源,有效地支撑经营决策,达到降低库存、提高生产效能和质量、快速应变的目的,这也正是"集成"的真正意义所在。

一般情况下,我们通过软件功能范围、软件应用环境、软件功能增强和软件支持技术4个方面的特征来深入理解ERP的本质。

(1) ERP超越MRPⅡ范围的集成功能

相对于标准MRPⅡ系统来说,扩展功能包括:质量管理、试验室管理、流程作业管理、配方管理、产品数据管理、维护管理、管制报告和仓库管理。这些扩展功能仅是ERP超越MRPⅡ范围的首要扩展对象,并非包含全部的ERP的标准功能。由于ERP的发展尚未达到MRPⅡ那样的标准和规范,目前尚不能像MRPⅡ标准系统那样形成一个"ERP标准系统"。事实上,像质量管理、试验室管理等许多不包括在标准MRPⅡ系统之内的功能,在目前的一些软件系统中已经具备,只是还缺少标准化和规范化。

(2) ERP支持混合方式的制造环境

混合方式的制造环境包括以下3种情况。

① 生产方式的混合。这首先是离散型制造和连续型制造的混合，造成的原因是企业的兼并与联合。企业多元化经营的发展，加之高科技产品中包含的技术复杂程度高，使得单纯的流程或离散的生产企业越来越少；其次是MTO、MTS、ATO、ETO等方式以及大批量生产方式的混合。

② 经营方式的混合。这是指国内经营与跨国经营的混合。由于经济全球化、市场国际化、企业经营的国际化，使得纯粹的国内经营逐渐减少，而多种形式的外向型经营越来越多。这种外向型经营可能包括原料进口、产品出口、合作经营、合资经营、对外投资，直到跨国经营等各种形式的混合经营方式。

③ 生产、分销和服务等业务的混合，指多角色经营形成的技、工、贸一体化集团的企业环境。为适应混合方式的制造环境，ERP突破MRPⅡ的两个局限。一方面是在标准MRPⅡ系统中，一直未涉及流程工业的计划与控制问题。我们说，MRPⅡ系统适用于4～5级的离散型的生产方式的企业，对于制药行业不适合，这是MRPⅡ的简单化原则造成的。在标准MRPⅡ系统中，是以行业普遍适用的原则来界定所包含的功能。而ERP扩展到流程企业，把配方管理、计量单位的转换、关联产品、副产品流程作业管理、产能平衡等功能都作为ERP不可缺少的一部分。另一方面是传统的MRPⅡ系统往往是基于标准MRPⅡ系统，同时面向特定的制造环境开发的。因此，即使通用的商品软件在按照某一用户的需求进行业务流程的重组时，也会受到限制，不能适应所有用户的需求。而面向顾客的需求时，在瞬息万变的经营环境中，根据客户需求快速重组业务流程的、足够的灵活性要求，正是ERP的特点。

(3) ERP支持能动的监控能力

该项标准是关于ERP能动式功能的加强，包括在整个企业内采用计划和控制方法模拟功能、决策支持能力和图形能力。与能动式功能相对的是反应式功能。反应式功能是在事务发生之后记录发生的情况。能动式功能则具有主动性和超前性。ERP的能动式功能表现在它所采用的控制和工程方法、模拟功能、决策支持能力和图形能力。例如，把统计过程控制的方法应用到管理事务中，以预防为主，就是过程控制在ERP中应用的例子。把并行工程的方法引入ERP中，把设计、制造、销售和采购等活动集成起来，并行地进行各种相关作业，在产品设计和工艺设计时，就考虑生产制造问题。在制造过程中，若有设备工艺变更，信息要及时反馈给设计人员，这就要求ERP具有实时功能，并与工程系统(CAD/CAM)集成起来，从而有利于提高产品质量，降低生产成本，缩短产品开发周期。

(4) ERP支持开放的客户机/服务器计算环境

该项标准是关于ERP的软件支持技术，包括：要求客户机/服务器体系结构、图形用户界面(GUI)、计算机辅助软件工程(CASE)、面向对象技术、关系数据库、第四代语言、数据采集和外部集成(EDI)。

为了满足企业多元化经营以及合并、收购等活动的需求，用户需要具有一个底层开放的体系结构。这是ERP面向供应链管理，快速重组业务流程，实现企业内部与外部更大范围内信息集成的技术基础。

6. ERP II

1990 年，Gartner Group 公司率先提出了 ERP 的概念。10 年之后，该公司又提出了一个新的概念：ERP II。

下面从几个方面对 ERP 未来的发展趋势进行展望。

(1) 管理范围更加扩大

ERP 的管理范围有继续扩大的趋势，继续扩充供需链管理(Supply Chain Management，SCM)，并将电子商务(Electronic Commerce，EC)、客户关系管理(Customer Relationship Management，CRM)、办公自动化(Office Automatic，OA)、商业智能(Business Intelligence)、商业过程管理(Business Process Management)、企业绩效管理(Enterprise Performance Management)、产品生命周期管理(Product Lifecycle Management)等融入进去。

(2) 继续支持与扩展企业的流程重组

企业的外部与内部环境变化是相当快的。企业要适应这种快节奏的变化，就要不断地调整组织结构和业务流程。因此，ERP 的发展必然要继续支持企业的这种变化，使企业的工作流程能够按照业务的要求进行组织，以便集中相关业务人员，用最少的环节、最快的速度和最经济的形式，完成某项业务的处理过程。

(3) 运用最先进的计算机技术

信息是企业管理和决策的依据，计算机系统能够及时而准确地为企业提供必要的信息，因此 ERP 的发展离不开先进的计算机技术。Internet 和 Intranet 技术，使企业内部及企业与企业之间的信息传递更加畅通。面向对象技术的发展使企业内部的重组变得更加快捷和容易。计算机在整个业务过程中产生信息的详尽记录与统计分析，使决策变得更加科学和有目的性。新的计算机技术的不断涌现为 ERP 的发展提供了广阔的前景。

2.3　ERP 系统结构与特点

目前，市场上主流的 ERP 系统包括 SAP、Oracle、用友、金蝶、神州数码等国内外著名品牌，其具体框架差异很大，但系统内部逻辑结构有很强的相似性。本书不可能将这些 ERP 软件系统进行逐个细致描述，为了简便起见，以畅捷通 T6 为例，介绍系统的总体结构、特征和业务处理流转过程。畅捷通软件有限公司(以下简称"畅捷通")是用友软件股份有限公司的全资子公司。畅捷通以"为中小企业的经营管理提供信息化服务，并帮助他们盈利"为使命，致力于为中小企业提供专业、标准、灵活、易用的信息化产品及专业的服务，是中国最大的中小型企业管理软件产品和服务供应商。而畅捷通 T6 企业管理软件以"规范流程，提升效益"为核心理念，以中小企业应用为主，是适用于中国快速发展企业的管理软件。ERP-T6 产品，历经多年的积累和发展，拥有大量的客户基础，在总结客户的应用经验、吸取国内外先进管理理念、逐步融合先进企业管理实践的基础上，全面提供了具有普遍适用性的 ERP 软件。

1. ERP-T6 的系统总体架构

ERP-T6 企业管理软件实现了对主要业务过程的全面管理，突出了对关键流程的控制，体现了事前计划、事中控制、事后分析的系统管理思想，是普遍适应中国企业管理基础和业务特征，以及企业快速增长需求的 ERP 全面解决方案。

ERP-T6 从功能上包含了 ERP 的核心应用和扩展应用，包括财务会计、管理会计、供应链、生产制造、人力资源、决策支持、企业应用集成等多项应用。各个系统共同构成了 ERP-T6 系统的总体框架，每个系统又包括多个子功能系统。各子功能系统之间既相互独立，各自具有完善和系统的功能，又有机地结合在一起。其中，处于 ERP 核心位置的模块如下。

(1) 财务管理：包括总账、UFO 报表、工资、固定资产、出纳管理、应收管理、应付管理、成本管理、现金流量表。符合最新会计准则和汇算标准；以总账系统业务凭证处理为核心，实现企业资产动态管理；工资核算统计分析和发放；业务往来核算，收、付款计划，资金流向追溯，过程式成本核算；通过角色驱动帮助企业中不同职能的财务人员轻松实现从业务到核算，到多纬度报表分析的全过程管理。

(2) 供应链管理：包括采购管理、销售管理、委外管理、库存管理、存货核算管理。企业能够从存货实物和资金的角度管理存货的出入库业务，准确掌握存货的收发、领退和保管情况，实时核算、反映存货的成本。监督存货的动态成本变化和存货资金的占用情况，优化库存结构，对企业资源进行有效调配，降低成本和业务风险。

(3) 生产管理：包括简单生产和计划生产两种模式。企业通过生产管理模块建立业务数据信息共享平台，及时获得动态库存，对采购执行有效指引。实现有序生产计划排产和跟踪，降低库存占用，加速资金周转，提高产品交付率，提升客户满意度。

2. ERP-T6 的系统的特点

ERP-T6 系统所包含的各个子系统是为同一企业主体的不同方面服务，并且子系统之间相互联系，共享数据。因此，这些子系统都具有如下的共同特点。

(1) 公共基础信息和共用一个数据库。
(2) 相同的账套和年度账。
(3) 所有操作权限的集中管理。
(4) 子系统不具有操作其他子系统的权限。
(5) 各子系统之间相互独立。

2.4 ERP 功能模块和业务处理流转

ERP 沙盘企业信息化的主要目标是让学生了解和掌握企业的业务全貌，熟悉具体的业务流程和处理方法，学会系统性地利用信息化思维来解决问题。因此，我们有必要在开始实训之前，简洁而清晰地分析企业内部业务流程，知道 ERP 沙盘企业信息化涉及的主要业务部门之间的关系，以及数据传递的过程，以便下一步进行企业经营模拟和 ERP 软件操作的训练。其业务部门关系和数据传递过程可以在图 2-6 中得到清楚的反映。

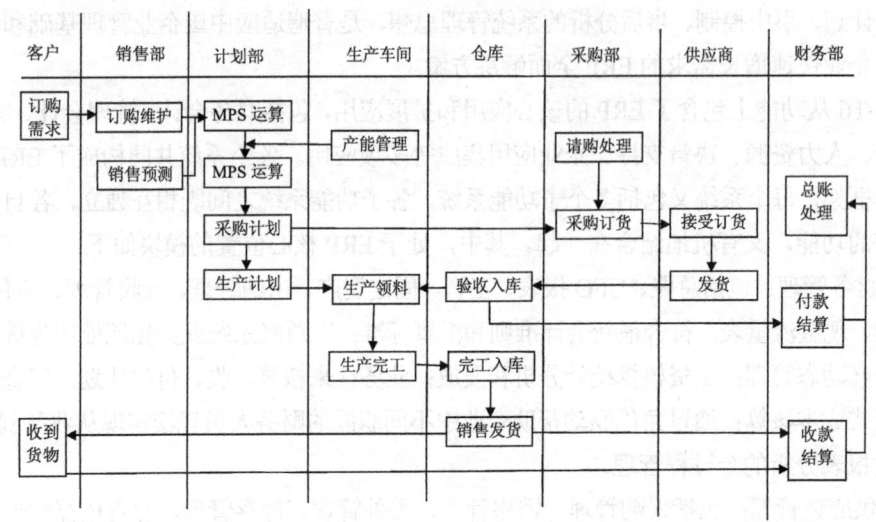

图 2-6 ERP 系统功能模块及数据传递关系

企业销售部门业务员根据客户的需求，对客户进行报价，从产品、规则、价格、期限、折扣等方面，了解客户的需求；与客户签订了购销合同后，将客户的实际需求和市场预测的需求相结合，由规划部门制作主生产计划和物料需求计划，进一步结合企业的产能情况编制企业的采购计划、生产计划和委外计划，以便采购部门和生产部门组织对外采购和生产制造的业务工作；采购部门按照采购计划组织安排采购人员开展采购业务工作，生产部门根据生产计划组织车间完成生产任务，按照委外计划安排委外商来企业领料回厂加工生产；采购部门将采购到货的物料交接给仓库，仓库负责入库处理；委外加工完成和生产完工的物品交给仓库，仓库负责入库处理；销售部门根据销售合同组织向客户发货，仓库负责出库处理；财务部门负责对采购、委外料品的款项进行付款计算和账务处理，对销售部门销售的料品进行收款结算和账务处理。

说明：在 ERP-T6 中，从中小企业业务实践角度出发，没有设置"MPS 运算"和"产能管理"。

本章小结

ERP 不是一套单纯的软件，而是以 MRPII 为核心的，由 Gartner Group Inc.提出的一整套企业管理体系标准。它综合应用了各种先进的信息技术，建立了企业物流、资金流和信息流一体化的企业资源管理系统。它的发展不是一蹴而就的，而是管理技术变革的产物，从订货点法、到 MRP 和 MRP II、最后到 ERP 甚至 ERP II，反映了企业为了保持竞争优势，管理上所做的持续改进，是信息集成和业务整合的典型代表。

本章阐述了 ERP 的系统结构和特征，从全局功能角度说明了 ERP 子系统之间的相互关系，帮助学生清楚地了解实训整体的业务处理关系，建立清晰的实训思路。

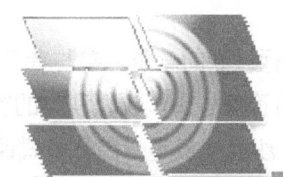

第3章
ERP沙盘企业经营模拟实训

内容提要

ERP 沙盘模拟实训课程是构建经济管理类人才培养实训体系中重要的一个组成部分。这种实践活动对于在校学习的学生显得尤为宝贵。学生将置身商业实战场景，亲身体验商业竞争的激烈性，循序渐进地锻炼实践能力，尽早具备与本学科专业相关的较强的动手操作能力。

本章将介绍 ERP 沙盘实训的基本概念、特征与价值，重点分析了模拟实训的规则和解释了 ERP 电子沙盘的使用技巧，使学生能够结合沙盘企业的特征和管理方式，寻求和发现现代企业经营管理的信息需求，也能为下一步更好的学习 ERP 原理和软件操作奠定牢固的基础。

本章重点

➢ 理解 ERP 沙盘促进管理知识转移的特殊作用。
➢ 结合所学的专业，理解 ERP 沙盘的课程综合应用特征。
➢ 掌握 ERP 沙盘的相关规则。
➢ 学习使用 ERP 电子沙盘的方法和技巧。

3.1 沙盘模拟实训概述

1. ERP 沙盘模拟与管理经验转移

ERP 沙盘模拟从 20 世纪 80 年代开始在欧美等国家流行，90 年代开始传入我国。它是利用一套物理可视化模型，对企业中有限资源的有效配置进行模拟，合理组织生产，力求做到利润最大，成本最低，即企业效益最佳。

它将所有人分为若干组，各代表一个虚拟企业，每组 6 人，分别担任不同职责。通过这个虚拟企业(具备真实企业所拥有的主要特征)，让你直观的感受企业经营的艰辛。在连续的 6 个会计年度内，各组根据市场预测和竞争对手的变化，灵活调整战略，从争取订单到原料采购、从生产规划到产品交付、从成本核算到报表编制，模拟企业业务流程，在一个信息对等的市场环境下，与其他企业进行激烈的竞争。参与者必须学会分析市场，认识到企业资源的有限性，才能进一步理解 ERP 的管理思想，领悟科学的管理规律，提升你的管理能力。

更重要的是，ERP 沙盘模拟是一门体验式课程，重点培养你对隐性知识的领悟。

我们学习的知识有两种，显性知识和隐性知识。显性知识是指可以用语言和文字来传递的知识，通过课堂学习可以完成；而隐性知识的学习只有通过实践。作为企业经营管理者，不仅需要较为扎实的管理基础理论，更需要有丰富的企业实践经验。ERP 沙盘模拟建立了一个虚拟的企业环境，将企业最重要的经营要素抽象出来，并按企业结构组织管理团队，形成了知识转移的有效情境。在这种"场"中，学生身体力行地参与企业管理的过程中，对遇到的问题具体分析、具体解决，是一种重视过程和结果的教学模式，完全不同于理论问题的思辨。

2. ERP 沙盘模拟的特征

ERP 沙盘模拟实训的课程教学内容包括企业经营的各个重要方面，其重要意义在于所蕴含的全新教学观念、采用的全新教学模式和产生的全新教学效果。

(1) 情景角色

传统教学模式的一大缺憾是理论与实践脱节。由于学生缺乏对企业实践的足够认识和感悟，对课堂教学的内容也很难真正理解和吸收，造成学习的空洞和乏味。ERP 沙盘模拟实训课程为学生安排了具体角色，使学生通过身临其境实际参与到一个企业经营的完整流程中，有利于学生从理性到感性，再从感性到理性的认识循环。同时，学生通过角色扮演和体验，相互配合共同努力，培养和增强了团队协作意识，这在未来的工作中将是一笔宝贵的经验。

(2) 综合应用

我们为什么要学习目前的各种课程？它们在实际工作中有什么用？它们之间的关系是什么？从表 3-1 中，我们可以看到 ERP 沙盘模拟实训课程(能)提高参与者综合运用各科知识、解决实际问题的能力。通过对企业经营管理的全方位接触及学习，可以使学生在以下方面获益，从而在参与、体验中完成从知识到技能的转化。

表 3-1　ERP 沙盘涉及的管理课程

管理职能	课程名称	知识到技能的转化	评价指标
战略管理	《企业战略管理》	认识战略管理过程、如何进行战略分析、如何进行企业外部环境分析、如何进行内部资源分析、如何进行能力和核心竞争力分析	若总分最高，确定为最佳 CEO
营销管理	《市场营销学》	市场分析与决策、产品组合与市场定位、投标与竞标策略制定、营销效率分析、研究市场信息	若投资回报率最高，确定为最佳 CMO

(续表)

管理职能	课程名称	知识到技能的转化	评价指标
生产管理	《生产管理与运作》	主生产计划、物料需求计划、产能规划的编制与平衡、独立需求库存控制	若订单违约率最低,确定为最佳 CPO
财务管理	《会计》《财务管理》	资本筹集与运用、报表编制与分析、预算与税收控制、财务分析工具	若财务费用与销售额之比最小,确定为最佳 CFO
人力资源	《人力资源管理》	岗位分工、沟通和协作、工作流程到绩效考评	与 CEO 相同
信息管理	《管理信息系统》	企业竞争信息获取,企业信息化的观念、规划、实施及关键点	若情报贡献率最高,确定为最佳 CIO

(3) 感受管理乐趣

爱因斯坦说:"兴趣是最好的老师。"ERP 沙盘模拟实训课程将让学生真正的通过体验来感受管理的惊心动魄和无穷魅力,借此培养学生对于学习的兴趣,从而在潜移默化中完成教学任务。通过听、看、练、想,真正的学习到一个大学本科毕业生所需要的实践技能,去快乐的学习,主动地学习,进而创造性的学习。

3. ERP 沙盘模拟的价值

(1) 树立共赢理念

市场竞争是激烈的,也是不可避免的,但竞争并不意味着你死我活。寻求与合作伙伴之间的双赢、共赢是企业发展的长久之道。通过对企业环境的分析,有效地识别什么样的企业是战略合作伙伴,什么样的企业是潜在竞争对手,通过有效的战略同盟关系,相互利用高质量的企业资源,在竞争中寻求合作,企业才会有无限的发展机遇。

(2) 全局观念与团队合作

企业经营要求每个角色都要以企业总体最优为目标,各司其职,相互协作,才能赢得竞争,实现目标。由于经营过程中繁多的内容和复杂的步骤,没有良好的协作分工,很难做出周全的决策。学生需要学会对公司业务达成一致的理性和感性认识,形成共同语言,促进彼此之间的有效沟通。

(3) 感悟人生

经营自己的人生与经营一个企业具有一定的相似性。在市场的残酷与企业的经营风险面前,是"轻言放弃"还是"坚持到底",不仅是虚拟企业面临的问题,也是人生中要抉择的问题。在企业模拟过程中,有些时候要谨小慎微,有些时候要大刀阔斧,有些时候要准确权衡,有些时候只能孤注一掷。每个企业风格就是这组成员个性综合的反映,借此可以培养学生对于挫败的承受能力，对于收获成功背后原因的深刻思考。

3.2 盘面总体结构介绍

ERP沙盘模拟课程的实践操作是在沙盘的盘面上进行的，每张沙盘代表一个模拟企业。各组成员的企业经营策略执行情况和运行结果将通过盘面体现出来。沙盘的盘面按照制造企业的职能部门划分了各职能中心，包括营销与规划中心、生产中心、物流中心和财务中心，如表3-2所示。各职能中心覆盖了企业运营的所有环节：战略规划、市场营销、生产组织、采购管理、库存管理、会计核算财务管理等，是一个制造企业的缩影。

表3-2 各职能中心简介

职能中心	运营环节	主要职能	简要说明	备注
营销与规划中心	战略规划 市场营销	市场开拓规划	确定企业需要开拓哪些市场，市场开拓完成后，才可进行该市场的销售	本地；区域；国内；亚洲；国际
		产品研发规划	确定企业需要研发的产品，产品研发完成后，才可生产该产品	P1；P2；P3；P4
		ISO认证规划	确定企业需要的资格认证，ISO认证完成后，才可使用该资格	ISO 9000；ISO 14000
生产中心	生产组织	厂房	厂房用来放置购买的生产线，其价值表示在右上角	大厂房6条；小厂房4条
		生产线	企业已经购置的生产设备，其价值在下方"生产线净值"内表示	手工线；半自动线；全自动线；柔性线
		产品标识	表示企业正在生产的产品	P1；P2；P3；P4
物流中心	采购管理 库存管理	采购提前期	表示采购原材料要提前下订单的周期	R1，R2提前期：1Q R3，R4提前期：2Q
		原材料库存	表示原材料库存价值，每个价值1M	R1；R2；R3；R4
		原材料订单	表示供应商签署的原材料采购合同的价值	空桶
		成品库存	表示已拥有但未销售的产成品价值	P1(R1+1M)；P2(R1+R2+1M)；P3(R1+R3+R4+1M)；P4(R2+R3+2R4+1M)
财务中心	会计核算 财务管理	现金	存放现金，每个价值1M	灰币
		银行贷款	在相应位置用空桶表示，每桶20M	长贷；短贷；高利贷款
		应收账款	在相应位置摆放装有现金的桶	装有灰币的桶
		应付账款	在相应位置摆放空桶	空桶
		综合费用	将发生的各项费用放置于相应区域	灰币

3.3 人员岗位及业务分工

ERP 沙盘模拟课程开始时要对学生进行分组，每组一般 6 人，这些学生组(改为"各个组")代表若干个相互竞争的模拟企业，进行每个角色的职能定位，明确组织内每个角色的岗位职责，一般分为总裁(Chief Executive Officer)、财务主管(Chief Financial Officer)、营销主管(Marketing & Sales Manager)、生产主管(Production Manager)、采购主管(Purchasing & Supply Manager)、信息主管(Chief Information Officer)。表 3-3 明确给出了各角色的职责与定位。

表 3-3 角色与职责定位

总 裁	财务主管	营销主管	生产主管	采购主管	信息主管
制定发展战略	日常记账	市场调查分析	产品研发管理	编制采购计划	情报收集
竞争格局分析	报税	市场进入策略	管理体系认证	供应商谈判	数据分析
经营指标确定	提供财务报表	品种发展策略	固定资产投资	签订采购合同	信息化战略
业务策略制定	日常现金管理	广告宣传策略	编制生产计划	监控采购过程	信息化实施
全面预算管理	融资策略制定	制定销售计划	平衡生产能力	到货验收	软件采购
管理团队协同	成本费用控制	争取订单与谈判	生产车间管理	仓储管理	软件研发
企业绩效分析	资金调度	签订合同与控制	产品质量保证	采购支付抉择	
业绩考评管理	风险管理	按时发货	成品库存管理	与财务部协调	
授权与总结	财务制度	应收款管理	产品外协管理	与生产部协同	
	财务分析决策	销售绩效分析			

按照上述人员的职能分工和岗位职责要求，我们建议 6 个角色可以按照图 3-1 所示，对号入座。(请同学们思考一下，为什么要如此安排角色的位置？)

当然，如果教学的人数多的时候，还可以适当的增加商业间谍、财务助理等辅助角色。在几年的经营过程中，虚拟企业内部可以进行角色互换，从而体验角色转化后考虑问题的出发点的相应变化，学会换位思考，加强团队配合意识。在企业经营模拟的过程中，不要怕犯错误，学习的目的就是为了发现问题，以努力寻求解决问题的手段。在学习过程中，犯的错误越多，收获就越大。

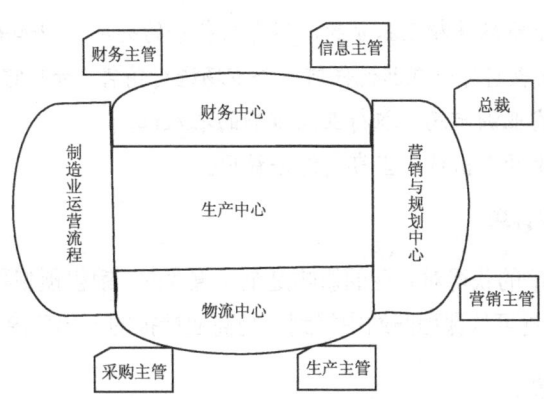

图 3-1 部门与角色位置

3.4 市场竞单规则

企业的生存和发展离不开市场这个大环境,谁赢得了市场,谁就赢得了竞争。市场是瞬息万变的,而变化增加了竞争的激烈性和复杂性。

1. 市场划分与市场准入

市场是企业进行产品营销的场所,标志着企业的销售潜力。对 P 系列的产品而言,可在本地市场、区域市场、国内市场、亚洲市场、国际市场等 5 个市场进行销售。

(1) 市场开发

在进入某个市场之前,企业一般需要进行市场调研、选址办公、招聘人员、做好公共关系、策划市场活动等一系列工作,而这些工作均需要消耗资源——资金及时间。由于各个市场地理位置区域不同,开发不同市场所需要的时间和资金投入也不同,在市场开发完成之前,企业没有进入该市场销售的权利。开发不同市场所需要的时间和资金投入如表 3-4 所示。

表 3-4 开发不同市场所需的时间和资金投入

市 场	开发费用	开发时间	说 明
本地	1M	1 年	各市场开发可同时进行
区域	1M	1 年	资金短缺时可随时中断或终止投入
国内	2M	2 年	开发费用按开发时间在年末平均支付,不允许加速投资
亚洲	3M	3 年	市场开拓完成后,领取相应的市场准入证
国际	4M	4 年	

(2) 市场准入

当某个市场开发完成之后,该企业就取得了在该市场上经营的资格(取得了相应的市场准入证),此后就可以在该市场进行广告宣传,争取客户订单了。

注意:
➢ 上面提到的 5 个市场是相互独立的,不存在包含的关系。即如果一家公司只开发了国际市场,并不代表它可以在其他任何一个市场进行销售。如果它还想在亚洲市场销售,那么它必须开发亚洲市场,取得亚洲市场的准入证。
➢ 研发投资所发生的支出计入当期的综合费用。

2. 参加订货会选取订单

众所周知,客户订单的获得对企业的影响是至关重要的。销售预测和客户订单是企业生产的依据。其中,销售预测可从课程网站中得到,是商业情报的一部分内容。

(1) 新年度规划会议

每年年初,各企业的高层管理人员将召开新一年度的规划会议,制定本年度的发展战略,并由 CMO 负责收集商业情报，参加客户订货会，投入大量的资金和人力做营销策划、广告宣传等，以使得本企业的产品能够深入人心，争取获得尽可能多的订货信息。

(2) 市场地位

市场地位是针对每个市场而言的。企业的市场地位根据上一年度各企业的销售额排列，销售额最高的企业称该市场的"市场领导者"，俗称"市场老大"。

(3) 广告投放

广告是分市场、分产品投放的，投入 1M 有一次选取订单的机会，以后每多投入 2M 增加一次选单的机会。例如：投入 7M 表示准备拿 4 张订单，但是否能有 4 次拿单的机会则取决于市场需求、竞争态势等；投入 2M 准备拿一张订单，只是比 1M 的竞争者优先拿到订单。

(4) 客户订单

市场需求用客户订单的形式表示，订单上标注了订单编号、订单价值总额、产品数量、交货期、产品认证资格的要求等要素。如果由于产能不够或其他原因，导致本年不能交货，企业为此应受到以下处罚：因不守信用市场地位下降一级；违约订单收回；交货时扣除该张订单总额的 25%(取整)作为违约金。

注意：

➢ 如果上年"市场老大"没有按期交货，市场地位下降，则本年该市场没有"老大"。
➢ 教师可根据需要调整违约金比例。
➢ 交货期为一季度的订单，必须在第一季度交货，延期罚款处置同上所述。因此，CMO 接单时要考虑企业的产能。
➢ 订单上的账期代表客户收货时货款的交付方式。若为 0 账期，则现金付款；若为 3 账期，代表客户付给企业的是 3 个季度到期的应收款。
➢ 如果订单上标注了"ISO 9000"或"ISO 14 000"，那么要求生产单位必须取得了相应认证，才能得到这张订单。

(5) 争取订单

在每年一度的销售会议上，将综合企业的市场地位、广告投入、市场需求及企业间的竞争态势等因素，按规定程序领取订单。客户订单的是按照市场划分的，选单次序如下所示。

首先，由上一年该市场领导者最先选择订单。其次，按每个市场单一产品广告投入量的多少，其他企业依次选择订单；如果单一产品广告投放相同，则比较该市场两者的总投入；如果该市场两者的广告总投入也相同，根据本年度广告的投放时间先后依次选单。

注意：

➢ 无论投入多少广告费，每轮只能选择一张订单，然后等待下一次选单机会。
➢ 各个市场需要的产品数量是有限的，并非打广告就一定能得到订单。能分析清楚"市场预测"并且"商业间谍"得力的专家，一定占据优势。

3.5 企业经营规则

现实生活中,企业需要遵循分门别类、种类繁多的各项法律、法规。举例来讲,仅财务中的税收一项,就包括增值税、营业税、所得税及其他税,其内容之多,需要写一本《税收会计》才能列全。在 ERP 沙盘模拟课程中,不可能逐项面面俱到,只能采取相对简化的方式抓大放小,做到简单而有效。本着简化的原则我们将企业运营需要遵守的各项规定分为 6 个方面阐述。

1. 厂房购买、出售与租赁

企业有大厂房、小厂房可供选择使用,有关各厂房购买、租赁、出售的相关信息如表 3-5 所示。

表 3-5 厂房购买、出售与租赁

厂 房	买 价	租 金	售 价	容 量
大厂房	40M	5M/年	40M	6 条生产线
小厂房	30M	3M/年	30M	4 条生产线

注意:

➢ 紧急情况可厂房贴现,厂房贴现等于将厂房应收款直接贴现,同时扣除相应厂房租金后,直接得到剩余的现金。

➢ 厂房不提折旧。

2. 生产线购买、转产与维修、出售

可供选择的生产线有手工生产线、半自动生产线、全自动生产线和柔性生产线。不同类型生产线的主要区别在于生产效率和灵活性,生产效率是指单位时间生产产品的数量;灵活性是指转产生产新产品设备调整的难易性。有关生产线购买、转产与维修、出售的相关信息如表 3-6 所示。

表 3-6 生产线购买、转产与维修、出售

生产线类型	购买价格	安装周期	生产周期	转产周期	转产费用	维修费	残值
手工生产线	5M	无	3Q	无	0	1M/年	1M
半自动生产线	10M	2Q	2Q	1Q	1M	1M/年	2M
全自动生产线	15M	3Q	1Q	1Q	1M	1M/年	3M
柔性生产线	20M	4Q	1Q	无	0	1M/年	4M

注意:

➢ 所有生产线可以生产所有产品。

- 投资新生产线时按照安装周期平均支付投资，全部投资到位后的下一周期为生产线的建成时间，可以领取产品标识，开始生产。另外，手工生产线无需安装周期，因此购买当季即可使用。资金短缺时，任何时候都可以中断投资。
- 生产线转产是指生产线转产生产其他产品，如半自动生产线原料生产 P1 产品，如转产 P2 产品，需要改装生产线，因此需要停工一个周期，并支付 1M 改装费用。下一季度能且只能用于生产 P2 产品。
- 在建工程及当年新建成设备不提折旧，每条生产线单独计提折旧，折旧采用平均年限法，分 4 年折完。完成规定年份的折旧后，剩余的残值可以保留，该生产线也可继续使用，直到该生产线变卖为止。
- 在建工程及当年已售出的生产线不用支付维修费。
- 如何区分在建工程及当年新建的设备？举例说明：如全自动生产线安转周期为 3 季，由每年的前 3 个季度投资完成，则第 4 季度为建成时间，属于当年新建的设备，本年不提折旧，但需支付维修费用。若本年的第 4 季度为投资的最后一个季度，则下一年的第一个季度为建成时间，该生产线属于在建工程，本年不计提折旧，也不需要支付维修费用。
- 当生产线上的在制品完工后，可以变卖生产线。将变卖的生产线按残值放入现金库，将差额部分分置于资金费用的其他项，计入当年综合费用。

3. 产品生产

产品研发完成后，可以接单生产。生产不同的产品需要材料不同，各种产品所得到的物料清单(Bill Of Material，BOM)不同。每条生产线同时只能有一个产品在线，产品在线时需要支付加工费。不同生产线的生产效率不同，但需要支付的加工费用是相同的，均为 1M。产品所用到的原料及数量如图 3-2 所示。

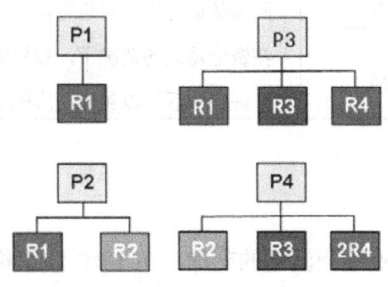

图 3-2　产品结构 BOM

4. 原材料采购

原材料采购分为签订采购合同和按合同收料两个环节。签订采购合同时要注意采购提前期。R1、R2 原料需要一个季度的采购提前期；R3、R4 原料需要两个季度的采购提前期。货物到达企业时，必须照单全收，并按规定支付原料费。

5. 产品研发与国际认证体系

P1、P2、P3、P4，4 种产品的技术含量依次递增，需要投入的研发时间和研发投资是有区别的，如表 3-7 所示。

表 3-7 产品研发需要投入的时间及研发费用

产　品	P1	P2	P3	P4	说　　明
研发时间	Q	Q	6Q	6Q	各产品可同步研发，按研发周期平均支付研发投资资金，资金不足时可随时中断或终止，全部投资完成，下一周期方可开始生产
研发投资	M	M	6M	12M	某产品研发投入完成后，可领取产品生产资格证

6. ISO 认证

随着客户的质量意识及环境意识越来越强，经过一定时间的市场孕育，客户对质量和环境的要求最终会反映在客户对企业产品的订单中，即要求产品通过 ISO 认证。企业要求进行 ISO 认证，需要经过一段时间花费一定的费用，如表 3-8 所列。

注意：
- 产品研发和 ISO 认证的研发投入都按照研发周期平均支付。
- 研发产品和 ISO 认证的支出计入当期的管理费用。

表 3-8 ISO 资格认证需投入时间及认证费用

ISO 认证体系	ISO9000 质量认证	ISO14000 环境认证	说　　明
持续时间	2 年	2 年	两项认证可以同时进行，按研发周期平均支付认证费用
认证费用	2M	4M	在资金短缺的情况下，投资随时可以中断 认证完成后可以领取相应的 ISO 资格证

7. 企业筹资方案

资金是企业的血液，是企业任何活动的支撑。在 ERP 沙盘模拟课程中，企业融资渠道主要有以下几种。

(1) 长期贷款

长期贷款的额度取决于本公司上年年末所有者权益的多少。长期贷款的期限为 5 年，年利率为 10%，每年初付息，到期还本并且支付最后一年的利息。

(2) 短期贷款

短期贷款的额度也取决于本公司上年年末所有者权益的多少。每个公司每年有 4 次申请短期贷款的机会。短期贷款的期限为1年，年利率为5%，到期还本付息。

注意：
- ➢ 贷款额度=上一年所有者权益×3-已申请的长期贷款与短期贷款之和。
- ➢ 长期贷款以10M为基本贷款单位，短期贷款则以20M为基本贷款单位。
- ➢ 长期贷款到期时，每年年初由系统自动扣除；短期贷款到期时，将于当季开始由系统自动扣除。

(3) 贴现

所谓贴现，在这里是指将尚未到期的应收账款提前兑换为现金。在资金出现缺口且不具备银行贷款的情况下，可以考虑应收账款贴现。应收账款贴现随时可以进行，不同账期的应收账款采用不同的贴现率：1、2期应收账款按1:9(10M应收款交1M贴现费)的比例贴息；3、4期应收账款按1:7(8M应收款交1M贴现费，小于8M的贴现也收取1M贴现费)的比例贴息。只要有足够的应收账款，就可能随时贴现(包括次年支付广告费时，也可使用应收账款贴现)。

注意：
- ➢ 贴现费用向下取整，所支付的贴现计入财务费用。

(4) 融资租赁

企业拥有的厂房可以出售。出售后的厂房仍可以使用，但需要支付租金。从财务角度看，这相当于获得一笔贷款，租金相当于利息。厂房按购买价值出售，得到的是4账期应收账款。

但在急用的情况下，且操作步骤还没有进行到变卖厂房的操作时可以利用厂房贴现的方式直接将厂房的价值按照4账期应收账款贴现(按1:7的比例)。

例如：比如紧急出售有生产线的大厂房，<u>将实际转入现金30M 其中5M转入厂房租金</u>；如果紧急出售的大厂房中无生产线，则将转入现金35M。

(5) 库存拍卖

当企业现金断流时，可以采用处理原材料和产品的方式融资。产品可以按照成本价出售；原材料按照8折的售价售出，即10M原材料回收8M，如果出售原材料不足10M，则扣除1M。库存折价拍卖计入损失。下面将几种融资方式的对比情况列于表3-9中。

表3-9 企业可能的各种融资手段及财务费用

贷款类型	贷款时间	贷款额度	年 息	还款方式
长期贷款	每年度初	所有长、短期贷款之和不超过上年权益的3倍	10%	年初付息，到期还本，10倍数
短期贷款	每年度初		5%	到期一次还本付息，20倍数
资金贴现	任何时间	视应收账款额	1/7(3季，4季) 1/9(1季，2季)	变现时贴息
库存拍卖	任何时间	原材料8折(向下取数)，成品原价		
厂房出售	可将拥有的厂房出售，获得相应的应收账款；也可以将厂房贴现，得到现金			

-31-

3.6 竞赛评比规则

1. 违规及扣分

在企业运行过程中,对于不能按照规则运行的企业和不能按时完成运行的企业,在最终竞赛总分中,给予减分的处罚。主要有以下几个情况。

(1) 运行超时,是指不能按时提交报表的情况。

(2) 账实不符,是指上交的报表与"系统"提供的情况有误差(如销售统计与利润表不符、资产负债表不符等),以"系统"提供的报表为准,修订沙盘状态。

(3) 其他违约现象,如盘面与"系统"提供的状态不符,对裁判正确的判罚不服从,在比赛期间擅自到其他赛场走动,以及其他严重影响比赛正常进行的活动等。

2. 破产清算

(1) "系统"在广告投放完毕、当季(年)开始、当季(年)结束、更新原料库等4点测试点,自动检测已有现金加上最大贴现及出售所有库存和厂房贴现后,是否具有足够的支付能力。如果不够,则"系统"判断为破产,并且关闭系统。此时应及时联系裁判做出最终的判定。

(2) 本年结束,若权益为负,则判断为破产,退出系统,需要联系裁判做出判定。

3. 评分标准

竞赛最终以评分为判别优胜标准。比赛结果以参加比赛各队的最后权益、生产能力、资源状态等进行综合评分,分数高者为优胜。总分计算法公式为:

总分 = 最终权益 × (1 + A/100) − 扣分

其中 A 为综合得分,表 3-10 中所列为综合得分的记分规则。

表 3-10　记分规则

项　目	得　分
手工生产线	10/条
半自动生产线	10/条
全自动/柔性生产线	10/条
本地市场开发	10
区域市场开发	10
国内市场开发	10
亚洲市场开发	10
国际市场开发	10
ISO 9000	10
ISO 14000	10
P1 产品开发	10

(续表)

项　　目	得　　分
P2 产品开发	10
P3 产品开发	10
P4 产品开发	10

3.7 ERP 电子沙盘软件使用说明

1. 登录系统

各公司首次登录时密码为空，进入系统后应先修改密码，如图 3-3 所示。登录时注意要保持服务器连接的畅通。

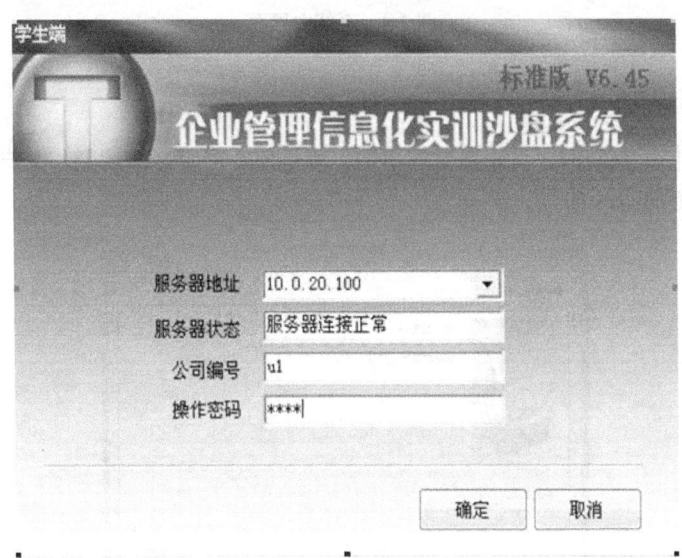

图 3-3　系统登录界面

2. 主界面

整个主界面被分为 3 大部分，如图 3-4 所示。左上角为业务时间运行区，显示当前经营的时间。左下角为业务拓展区，包括更新过的业务处理功能以及 T6 对应处理的连接。右下角为业务引航区，包括手工流程仿真、自动报表、可视化盘面、间谍功能，能有效提高学生的学习兴趣和教师的工作效能。

图 3-4　系统主界面

3. 密码修改

用户在开始使用系统时，首先要做的事情，就是使用密码修改功能，保护自己公司的账号不被他人盗用，如图 3-5 所示。

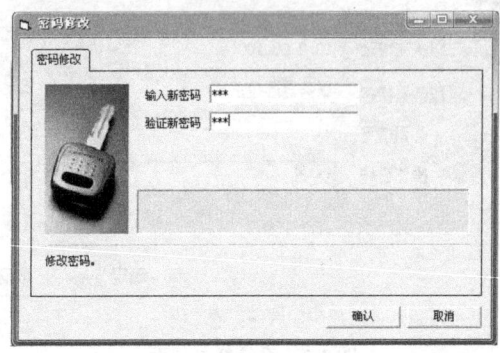

图 3-5　密码修改功能

4. 企业运营流程

企业运营流程须按照图 3-6 的流程严格执行，CEO 根据销售竞单的情况发布执行指令。每项任务完成后，CEO 须在竞赛手册任务后对应的方格中打勾；并由 CFO 在竞赛手册任务后对应的方格内填写现金收支情况；生产总监在竞赛手册任务后对应的方格内填写在产品的上线、下线、结存情况及产品的研发投入情况；采购总监在竞赛手册任务后对应的方格内填写原材料的入库、出库及结存情况；销售总监在竞赛手册任务后对应的方格内填写产成品的入库、出库及结存情况。

每步操作完成并经系统确认后不能退回重做，沙盘上的运行结果必须与"系统"的结果一致，否则，以系统结果为准。如果手工流程记录出现错误，可以通过单击主界面右下角的"流程"按钮，查询计算机自动生成的手工账仿真结果。

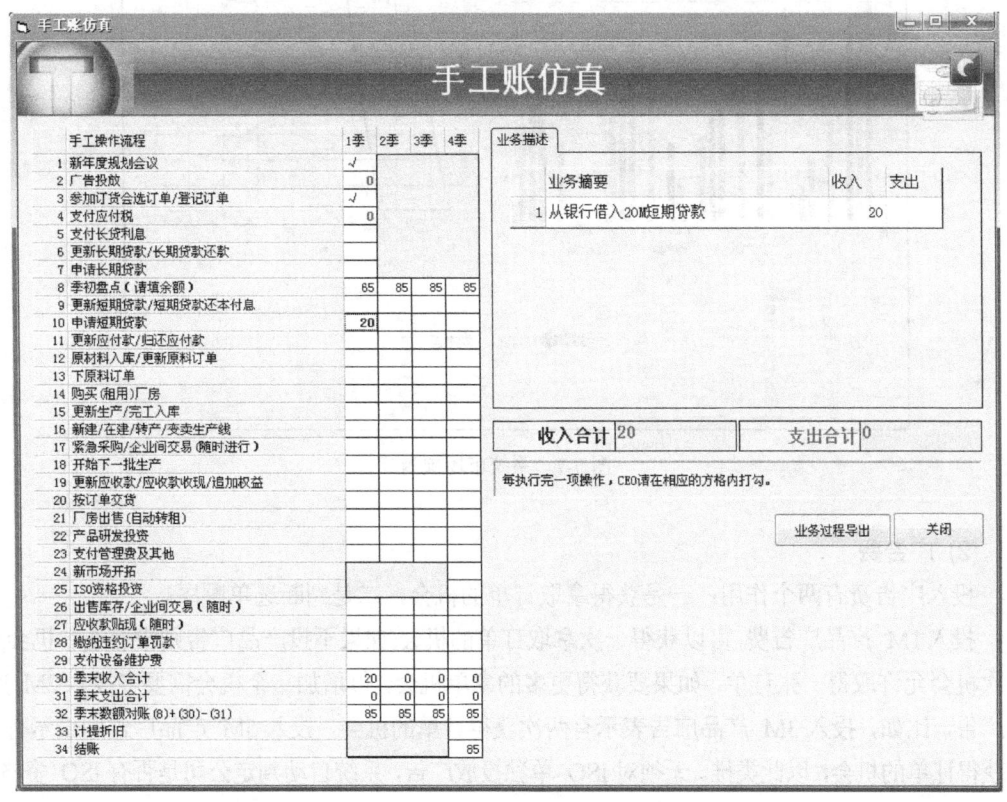

图 3-6 经营流程仿真

5. 市场订单

(1) 市场预测

各公司可以根据客户需求数据或市场预测来安排广告投放。如图 3-7 所示，运行中的销售竞单在电子模拟运行系统中进行，各队在本队运行地系统中参加市场订货会，在本地计算机上完成选单。市场预测等教学信息均可点击右下角的"扩展业务"按钮，然后选择"市场预测"功能进行查看。

在市场预测功能中，左侧图表为各产品的经营年度市场需求数量走势，右侧图为各产品经营年度市场价格走势。可以通过选择单选框，查看不同市场情况；可以通过勾选复选框，查看指定组合的产品价格图表，方便读者进行市场分析。

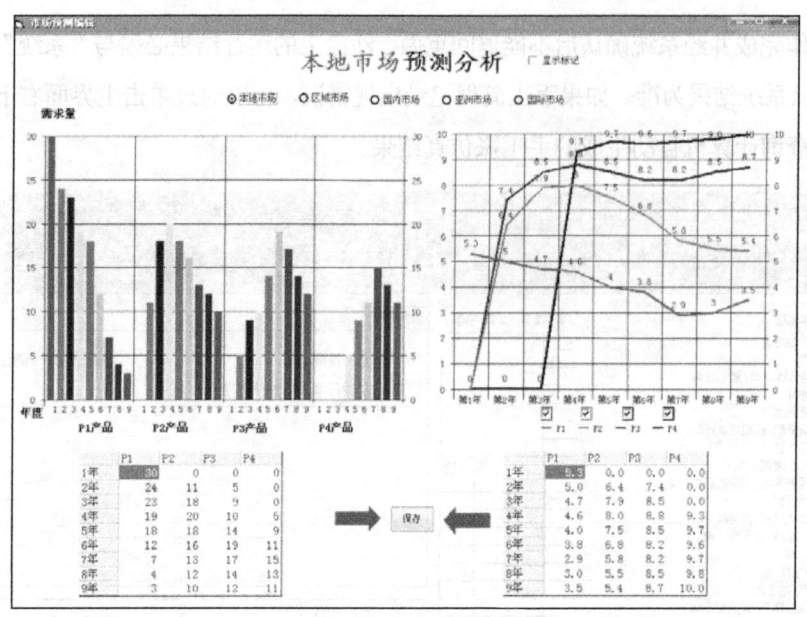

图 3-7　系统市场预测

(2) 广告费

投入广告费有两个作用：一是获得拿取订单的机会，二是判断选单顺序。

投入 1M 产品广告费，可以获得一次拿取订单的机会(如果不投产品广告则没有选单机会)，一次机会允许取得一张订单；如果要获得更多的拿单机会，每增加一个机会需要多投入 2M 产品广告，比如，投入 3M 产品广告表示有两次获得订单的机会，投入 5M 产品广告则表示有 3 次获得订单的机会，以此类推。无须对 ISO 单独投放广告，系统自动判定公司是否有 ISO 资格，确认其能否选有 ISO 要求的订单。

说明：

➢ 广告费用、上年应交税、长贷利息及到期本金，这 3 项内容在系统中是一起支付的。所以当投放广告费用时，如果当前剩余的现金不足以支付上述 3 项内容之和，就可能造成无法投放广告。

(3) 选单流程

各公司将广告费按市场、产品填写在广告发布表中；产品广告确定公司对订单的需求量；排定选单顺序，选单顺序依据以下顺序原则确定：上年本市场销售排名第一的队，如在该市场没有违约记录，则在本年的该市场的投入广告的产品中，优先选单；按照各队在本市场某一产品上投放的广告费的多少，排定后续选单顺序；如果在一个产品投入的广告费用相同，按照投入本市场的广告费总额(即 P1、P2、P3 和 P4 的广告费之和)，排定选单顺序；如果本市场的广告总额也一样，按照上年本企业在该市场上实现的销售额排名，排定选单顺序；如果上年实现的销售额也相同，则根据系统二次竞单决定选单顺序。

在图 3-8 所示的市场竞单系统中，"系统"按上述规则自动排出选单顺序，自动分轮次进行选单。排定选单顺序的公司在每轮选单时，只能选择一张订单。当第一轮选单完成后，如果还有剩余的订单，还有资格的公司可以按选单顺序进入下一轮选单。

可以使用顶部的单选框，进行预定功能的排序。如果不需要选择订单，可以单击"放弃"按钮。已经选择的订单，将在左下角的已选取订单表格中出现。

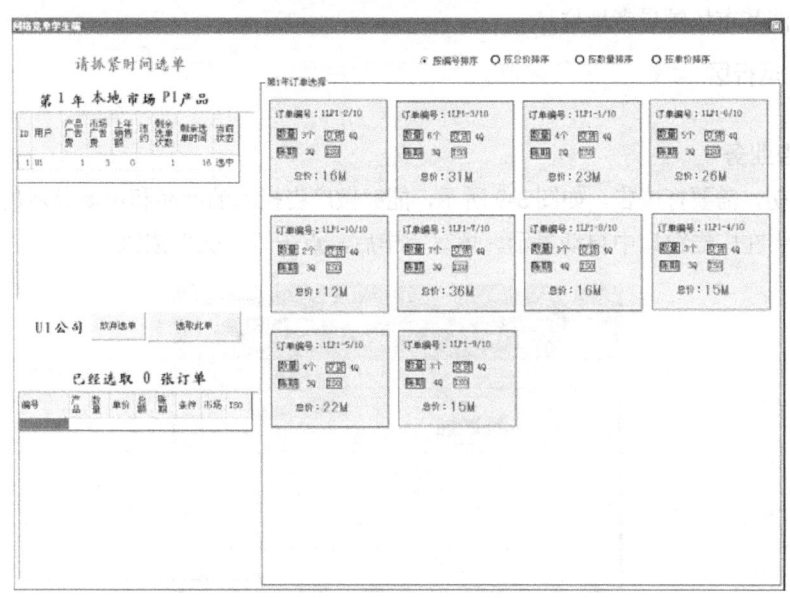

图 3-8　市场竞单过程

(4) 订单

订单类型、交货要求及取得订单的资格如表 3-11 所示。

表 3-11　订单交货规则

订 单 类 型	交 货 时 间	获得订单资格要求
规定交货期的订单	在本年规定的第 X(1、2、3、4)季度的交货期之前交货	非破产企业
ISO9000 订单	按订单规定的交货期	具有 ISO 9000 认证资格的企业
ISO14000 订单	按订单规定的交货期	具有 ISO 14000 认证资格的企业
ISO 双认证订单	按订单规定的交货期	同时具有 ISO 9000 和 ISO 14000 认证的企业

特别提示

> 交货期为最后期限，可在该交货时限之前进行交货，但不得延后，应收账款的时间从实际交货期算起。例：当订单上的交货期为 3Q 时，则表示在当年的 1Q、2Q、3Q 交货均可。

(5) 关于违约问题

所有订单要求在本年度完成(按订单上的产品数量交货)。如果订单没有完成，按下列条款加以处罚：所有订单未能按规定时间交货的，则按订单销售总额的 25%(销售总额除以 4 后向下取整)计算违约金，并在当年扣除。违约订单一律收回。市场领导者如果在该市场出现违约行为，则取消其市场领导者地位。

6. 业务运行区

(1) 广告业务

每年年初，需要打广告。如图 3-9 所示，能够做广告投入的产品和市场必须是已经开发出来的，系统将在广告窗口中自动显示。填写完毕后，点击"提交"按钮。

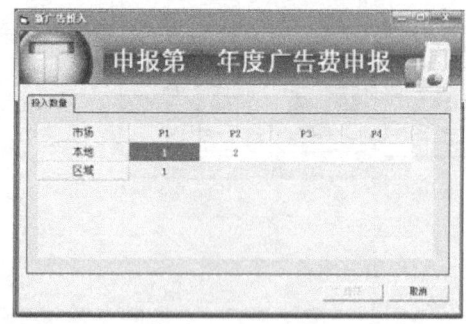

图 3-9 广告费投入

(2) 银行贷款

在和模式下，长短期贷款的总额度为上年权益的指定倍数；分模式下，长短期贷款的额度分别为上年权益的指定倍数。长期贷款基本贷款单位 10M，每年年初申请新贷款，每年年初支付利息，到期还本付息，默认情况下利率为 10%。短期贷款基本贷款单位 20M，每季度初申请新贷款，利随本清，每季初系统自动扣除短贷本息，默认情况下利率 5%。高利贷与短期贷款相同操作，默认情况下利率为 20%，最大额度 60M。贷款融资的操作如图 3-10 所示。

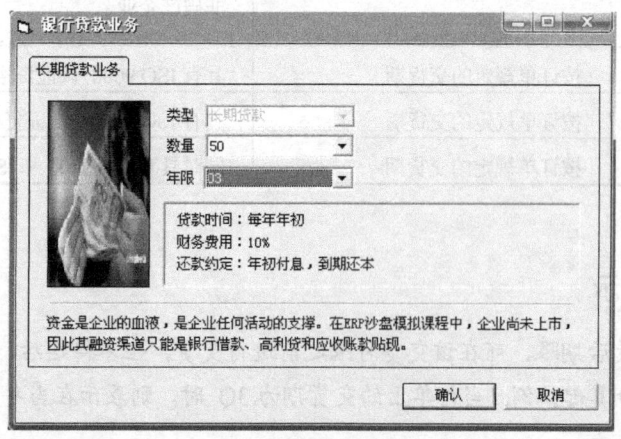

图 3-10 银行贷款

规则说明

- 长期贷款每年必须归还利息，到期还本，本利双清后，还有额度时，允许重新申请贷款。即：如果有贷款需要归还，同时还拥有贷款额度时，必须先归还到期的贷款，才能申请新贷款。不能以新贷还旧贷(续贷)，短期贷款也按本规定执行。
- 会计年度结束时，不要求归还没有到期的各类贷款。
- 长期贷款最多可贷 5 年。
- 所有的贷款不允许提前还款。
- 企业间不允许私自融资，在经营期间，只允许向银行贷款。

(3) 原材料业务

下原料订单，原材料入库及在途原料向前推进一个提前期。系统要求入库的原材料必须确认支付现金，原材料到货付现或记入应付账款，否则系统不允许通过。图 3-11 同时反映了在订购原材料时，承诺使用应付账款支付材料采购费用的情况。

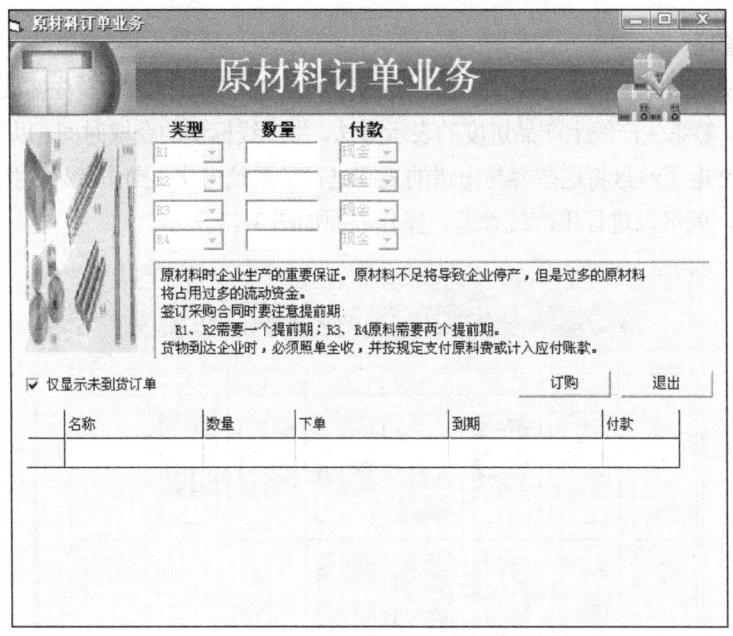

图 3-11　原材料订购处理

(4) 购买厂房

厂房为一大(6 条生产线)，一小(4 条生产线)，需要使用厂房必须在"系统"中选择租用或购买，操作界面如图 3-12 所示，选择购买厂房时，需在"系统"中选择大或小厂房，然后确认获得，系统将从现金中扣除厂房价值。

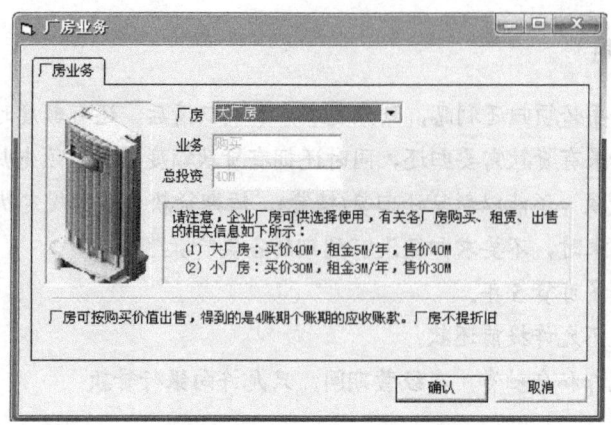

图 3-12　购买厂房业务处理

如果没有购买厂房,而是直接使用了生产线,则系统自动认为是租用厂房,按照大厂房 5M/年,小厂房 3M/年的租金,当季扣除一年租金。如果在租用过程中,购买了此厂房,则自动取消租用。

(5) 生产管理

生产管理是 ERP 电子沙盘操作中最容易出错的一个环节。该环节首先需要理解生产线变更的特定规则,熟悉生产线上产品进度的表示方法,生产线标识的获取时间,以及生产线净值。所幸的是,ERP 电子沙盘将这些容易出错的规则进行了系统内化,操作者只要按照图形变化的提示适当选择,就可以进行生产线管理。操作界面如图 3-13 所示。

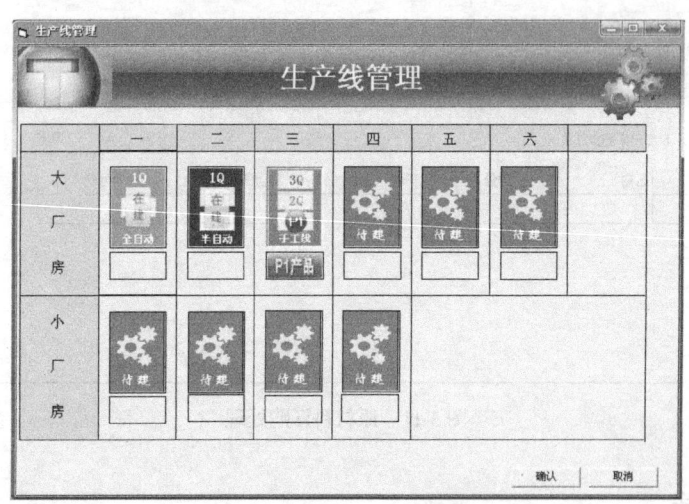

图 3-13　生产管理业务处理

生产运作环节包括如下操作。

① 新建生产线。

各种生产线的情况如表 3-12 所示。

表 3-12 生产线规则

生 产 线	购 置 费	安装周期	生产周期	总转产费	转产周期	维 修 费	残 值
手工线	5M	无	3Q	0M	无	1M/年	1M
半自动	10M	2Q	2Q	1M	1Q	1M/年	2M
自动线	15M	3Q	1Q	1M	1Q	1M/年	3M
柔性线	20M	4Q	1Q	0M	无	1M/年	4M

在"系统"中新建生产线，需先选择厂房，然后再选择生产线的类型，特别地要确定生产产品的类型；生产产品一经确定，本生产线所生产的产品便不能更换，如需更换，须在建成后，进行转产处理；每次操作可建一条生产线，同一季度可重复操作多次，直至生产线位置全部铺满；新建生产线一经确认，即刻进入第一期在建，当季便自动扣除现金，如图 3-14 所示。

图 3-14 新建生产线的变换过程

② 在建生产线投资。

生产线购买之后，需要进行二期以上投资的均为在建生产线，当需要进行二期以上的投资时，手工操作需按照该生产线安装周期分期投资并安装，如表 3-13 反映了自动线安装的操作。

表 3-13 在建生产线投资

操 作	投 资 额	安 装 完 成
1Q	5M	启动 1 期安装
2Q	5M	完成 1 期安装，启动 2 期安装
3Q	5M	完成 2 期安装，启动 3 期安装

手工操作完成后，须在"系统"中选择相应的生产线，并确认投资。如果几条生产线同时投资，则需同时选中选择项，本操作一季只能作一次。投资生产线的支付不一定需要连续，可以在投资过程中中断投资，也可以在中断投资之后的任何季度继续投资，但必须按照上表的投资原则进行操作。在"系统"中，可以不选择生产线投资，即表示本期不投资。

提示：
➢ 必须交纳维护费的情况：生产线安装完成，不论是否开工生产，都必须在当年交纳维护费；正在进行转产的生产线也必须交纳维护费。
➢ 免交维护费的情况：凡已出售的生产线和新购正在安装的生产线不交纳维护费。

③ 生产线折旧。

每条生产线单独计提折旧，折旧采用平均年限法，分 4 年折完。各种生产线每年折旧额的计算如表 3-14 所示。

表 3-14 生产线折旧计算

生 产 线	购 置 费	残 值	1年	2年	3年	4年	5年
手工线	5M	1M	0	1M	1M	1M	1M
半自动	10M	2M	0	2M	2M	2M	2M
自动线	15M	3M	0	3M	3M	3M	3M
柔性线	20M	4M	0	4M	4M	4M	4M

当年新建成的生产线不提折旧。完成规定年份的折旧后，剩余的残值可以保留，该生产线也可继续使用，直到该生产线变卖为止。在"系统"中，生产线折旧为年末自动处理。

④ 生产线转产。

在"系统"中，需选择待转产的生产线，然后确定转产的产品，确认处理即可，系统将自动按照上表的转产费用，扣除现金，并将该生产线置于转产状态，如图 3-15 所示。

图 3-15 生产线转产的操作过程

⑤ 生产线变卖。

生产线变卖时，将变卖的生产线按残值放入现金区，其他剩余价值放入"其他"费用，记入当年"综合费用"，并将生产线交还给供应商即可完成变卖。

在"系统"中，需要选择要变卖的生产线，然后"确认变卖"即可，残值及扣除残值后的剩余价值，自动转移到现金和费用中，如图 3-16 所示。

图 3-16 生产线变卖的操作过程

⑥ 开始下一批生产。

当下原料订单结束后，"系统"自动更新生产。此时，可以开始下一批生产，只要选择空线，并确认生产即可。系统将自动扣除原料和现金(加工费)，如果原料和现金不够，系统做出提示，并且放弃本次上线生产，如图 3-17 所示。

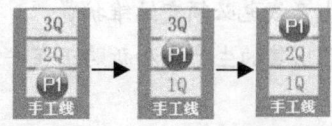

图 3-17 开始下一批生产的操作过程

(6) 系统自动更新应收款

在 ERP 电子沙盘下，应收账款不需要实际操作，系统将自动更新收取，如图 3-18 所示。

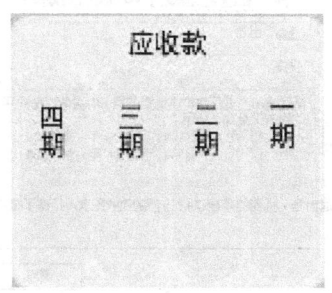

图 3-18 应收账款的更新过程

(7) 订单交货

当企业生产出足够数量的产成品后，需要及时按订单交付产品。交付时，选择要交付的订单号，如果数量满足，则系统交付成功，并自动记录进入应收账款或现金，同时该种产品的库存数量减少。订单的交付过程如图 3-19 所示。

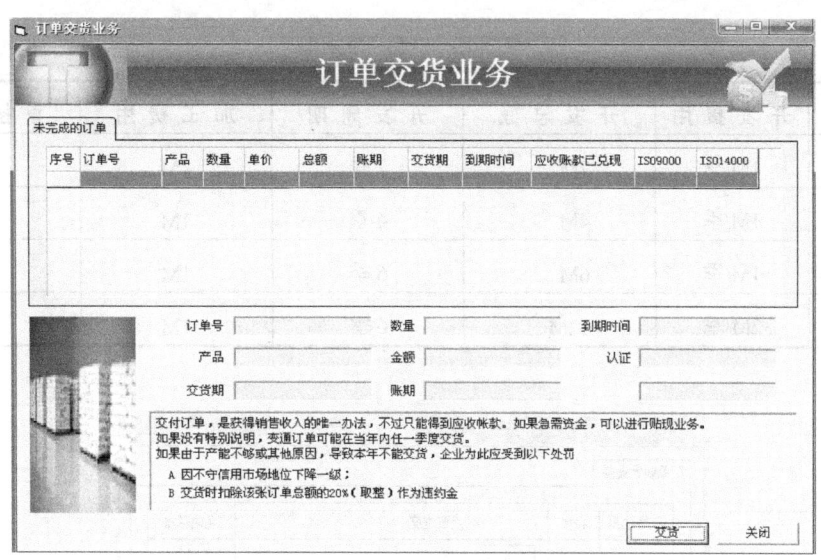

图 3-19 订单交货的操作过程

(8) 厂房出售

正常情况下出售厂房后，直接转入 4Q 的应收账款。但在急用的情况下，且操作步骤没有轮到变卖厂房的操作时，可以利用本功能直接将厂房的价值按照 4Q 应收账款贴现(按 1∶7 的比例)，操作如图 3-20 所示。

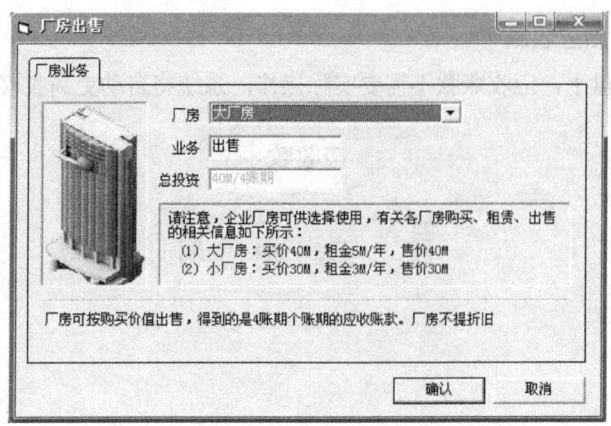

图 3-20 厂房出售的操作过程

(9) 产品研发

要想生产某种产品,先要获得该产品的生产许可证。而要获得生产许可证,则必须经过产品研发。P 产品都需要研发后才能获得生产许可。如表 3-15 所示,研发需分期投入研发费用,图 3-21 则反映了产品研发的操作处理过程。

表 3-15 产品研发规则

名称	开发费用	开发总额	开发周期	加工费用	直接成本
P1	1M/季	2M	2季	1M	2
P2	1M/季	4M	4季	1M	3
P3	1M/季	6M	6季	1M	4
P4	2M/季	12M	6季	1M	5

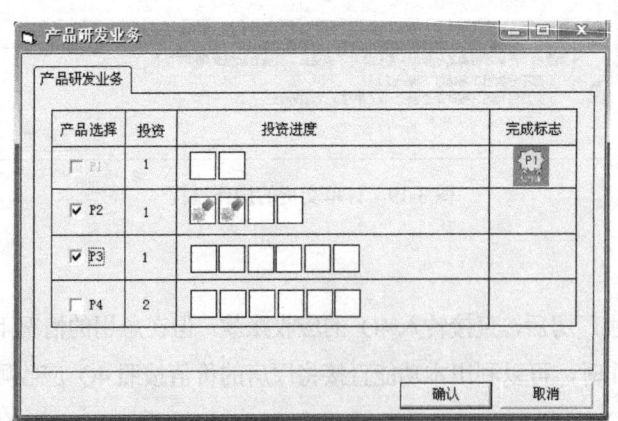

图 3-21 产品研发的操作处理过程

(10) 市场开发

每个市场开发每年最多投入 1M，允许中断或终止，不允许超前投资。投资时，将 1M 投入到"市场准入"的位置处。只有拿到准入证才能参加相应市场的订货会。每年一次操作机会，在第 4 季度。表 3-16 解释了市场研发投资结构，图 3-22 则反映了市场研发的操作处理过程。

表 3-16 市场研发规则

市　　场	每年投资额	投 资 周 期	全部投资总额
本地	1M	1 年	1M
区域	1M	1 年	1M
国内	1M	2 年	2M
亚洲	1M	3 年	3M
国际	1M	4 年	4M

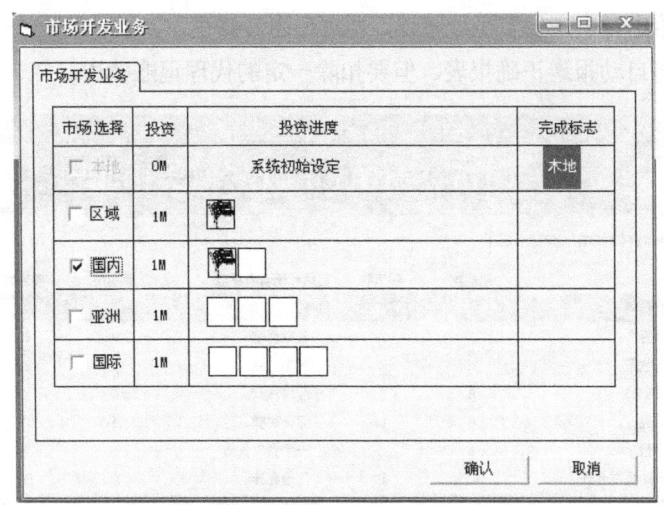

图 3-22 市场研发的操作处理过程

(11) ISO 认证

ISO 认证需分期投资开发，每年一次，在第 4 季度。可以中断投资，但不允许集中或超前投资。表 3-17 解释了 ISO 认证投资结构，图 3-23 则反映了 ISO 认证的操作处理过程。

表 3-17 ISO 认证投资规则

ISO 类型	每 年 投 额	投　　资	最小投资周期
ISO 9000	1M/年	2M	2 年
ISO 14000	2M/年	4M	2 年

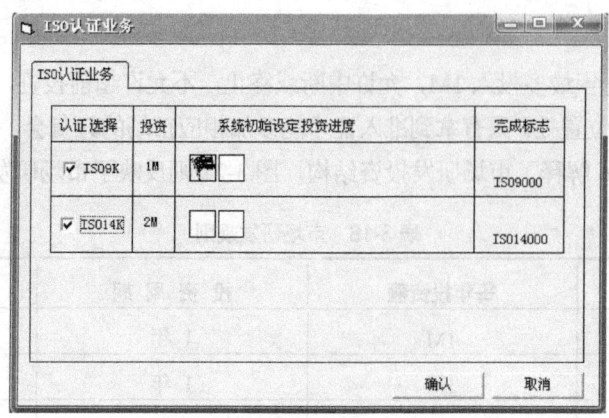

图 3-23 ISO 认证的操作处理过程

(12) 财务报表

各公司在每个经营年末需编写并上交财务报表。在图 3-24 中，用户提交若有错误，报表申报窗口将自动给出各表产生多少处错误，要求使用者修正。如果时间紧迫，可以使用强制提交报表，计算机将自动报送正确报表，但要扣除一定的代理记账费用。

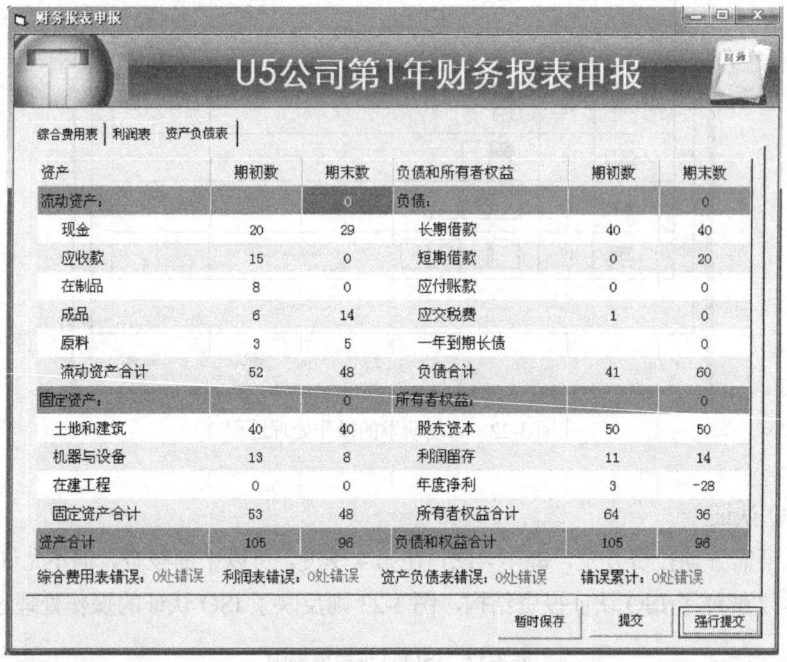

图 3-24 期末提交的财务报表处理过程

7. 业务拓展区

拓展业务包括有形资产交易、无形资产交易、其他交易，如图 3-25 所示。

第3章 ERP沙盘企业经营模拟实训

图 3-25　业务扩展区功能列表

(1) 有形资产交易

企业间可以交易原材料、产成品、生产线以及应收账款。交易时，必须是卖方先发出要约，买方签字同意后，交易才能达成。资金将从买方自动拨转到卖方，交易标的物将从卖方转移到买方，如图 3-26 和图 3-27 所示。

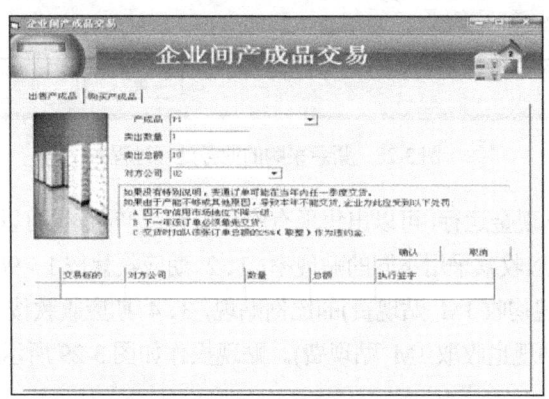

图 3-26　卖方发出交易产品 P1 的要约

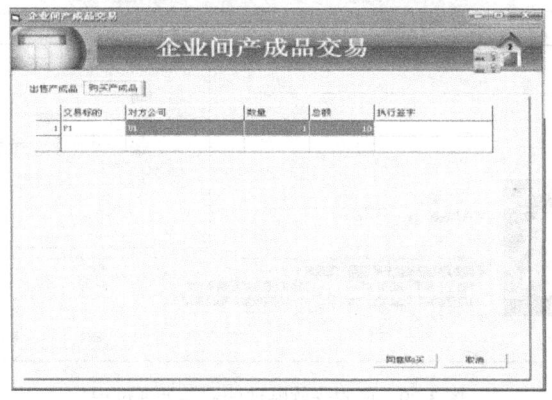

图 3-27　买方同意购买，即签字执行此要约

-47-

(2) 无形资产交易

企业间可以交易产品标识、市场环境、信息化技术。交易时，必须是卖方先发出要约，买方签字同意后，交易才能达成。资金将从买方自动拨转到卖方，交易标的物将从卖方转移到买方(具体操作与有形资产类似)。

(3) 其他交易

如果企业没有足够原料生产，或在交货期无法生产足够数量产品来满足交货要求，可以使用紧急采购功能。紧急采购需要支付比正常价格要高出数倍的现金，其差异记入其他支出，如图3-28所示。

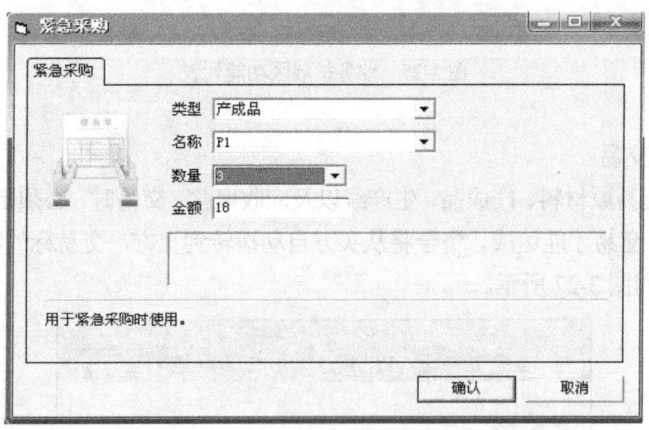

图 3-28 紧急采购的业务处理过程

如果企业没有足够现金运行，可以出售现有库存原料或产品，也可以进行应收账款的贴现。注意的是，不同账期的应收款采用不同的贴现率：1、2 期应收款按 1：9(10M 应收款交 1M 贴现费，小于 10M 的贴现均收 1M 贴现费)的比例贴现，3、4 期应收款按 1：7(8M 应收款交 1M 贴现费，小于 8M 的贴现也收取 1M 贴现费)。贴现操作如图 3-29 所示。

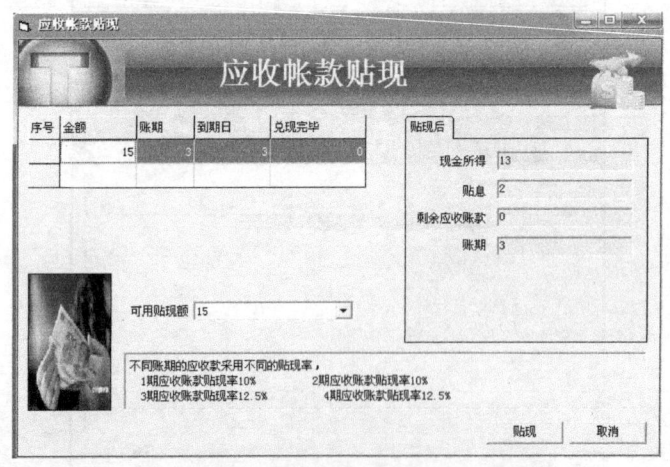

图 3-29 应收账款贴现的业务处理过程

(4) T6 业务对应处理

图 3-30 反映了 ERP 电子沙盘特有的与 T6 业务对应处理功能。此功能的作用是将 ERP 基本知识点融合在软件系统中，学生可以自主的学习 ERP 基本原理。同时，使用友手工沙盘和用友 ERP-T6 教学配合，可展示每步业务的原始单据和 T6 下单结果，学生可以潜移默化地学习 T6 业务流程，建立用友沙盘和 T6 之间的联系，达到对 T6 的感性认识，为下一步 T6 系统学习奠定良好基础。

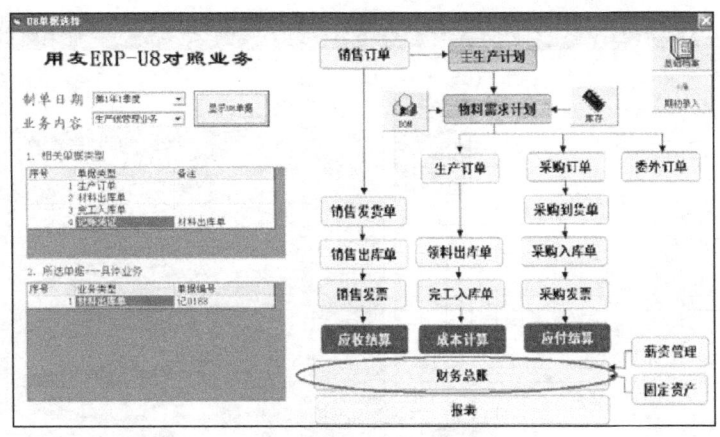

图 3-30　T6 业务对应处理

具体操作包括：基础档案、期初数据、BOM 结构、库存以及沙盘运行过程中，系统自动处理的业务。所处理业务已按照 T6 样式进行记录，学生在学习沙盘时，可以了解 T6 对应的概念和形式。图 3-31 反映了 T6 仿真的存货档案处理的样式。

图 3-31　T6 仿真的存货档案处理

8. 业务引航区

业务引航区包括流程、报表、盘面、间谍、提示和动推功能，如图 3-32 所示。通过业务引航区的功能，学生可以自行检查业务经营中出现的错误，纠正对概念的误解，提高知识转移的效果；教师可以通过教师端系统的可视化控制设置，使其中的项目部分或全部的使学生无法看到，逐步增加教学地难度。业务引航区对于循序渐进地培养学生和组织队伍有极大帮助。

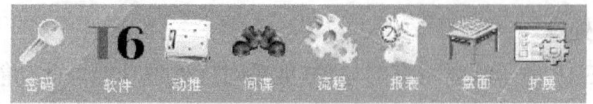

图 3-32 业务引航区

(1) 流程——流程控制仿真

流程控制仿真为学生纠正错误概念提供了帮助，可以辅助手工账的编制，如图 3-33 所示。

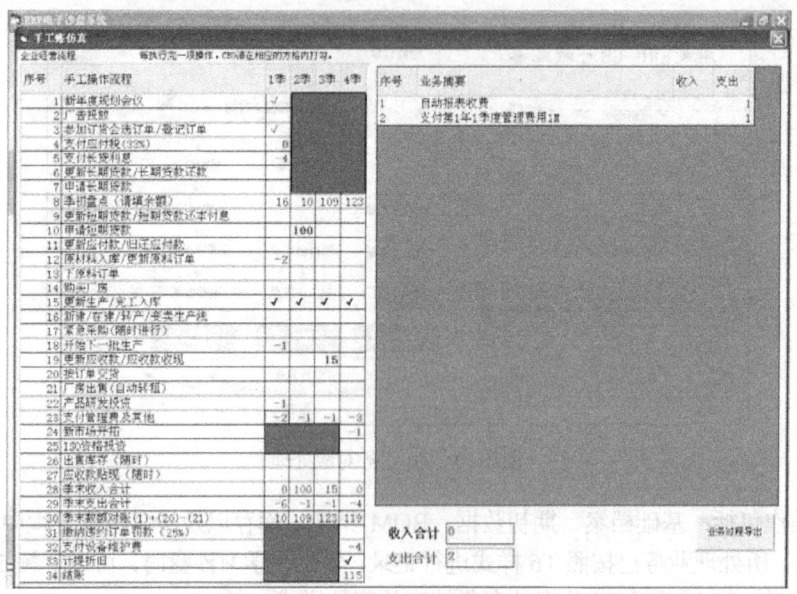

图 3-33 流程控制仿真的操作

(2) 报表——财务报表仿真

点击"显示"按钮，系统将自动计算出当前的财务报表数据，如图 3-34 所示。

图 3-34 财务报表仿真的操作

(3) 盘面——可视化盘面

可视化盘面提供了观察企业实时经营状况的形象化方式,如图 3-35 所示。

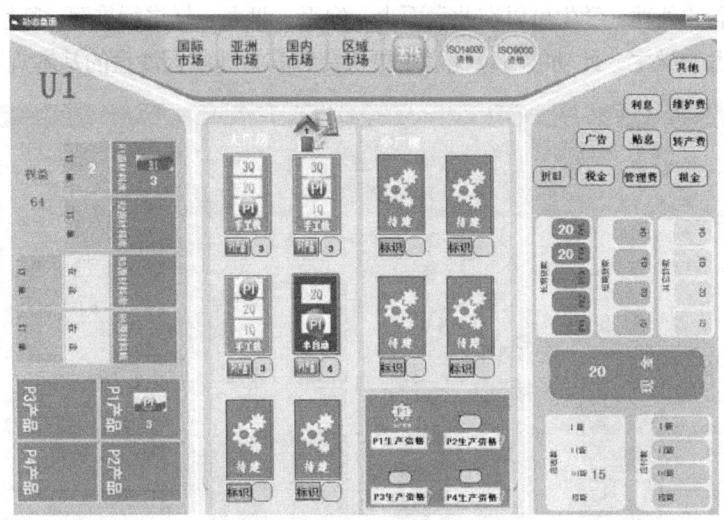

图 3-35　可视化盘面的操作

(4) 提示——如果我不会

为了更好地指导学生自行学习沙盘以及相关的 ERP 知识,系统提供了指向服务器地址的帮助服务。一般而言,其服务是一个信息发布网站或知识管理系统,用来收集学生意见、发布市场预测、公布竞赛规则等公共信息服务。

(5) 间谍——市场间谍

选择要收集情报的公司,选择要收集的信息内容,单击"收集"按钮,系统自动扣除现金作为情报费用,并将对应项目展示出来,如图 3-36 所示。

图 3-36　市场间谍的功能操作

(6) 动推——动态推盘

此项功能的目的是更好地体验手工沙盘的特色。单击如图 3-37 的"推进到下一步"按钮，可进行动态推盘的处理。学生可以在此盘面上，像手工盘面一样进行推演，特别适合于第一次学习和使用沙盘的学生。此功能可以使学生更快捷和容易地掌握沙盘的基本规则。

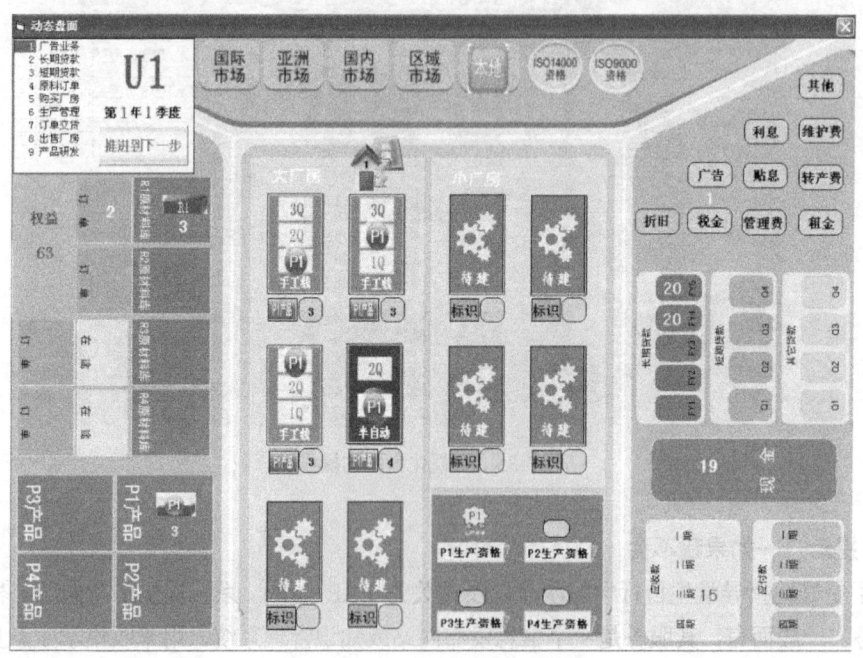

图 3-37　动态推盘的功能操作

9. 运行记录及违规扣分

(1) 运行记录表(台账)

每个成员都要在任务清单完成框中打勾或记录与自己岗位相关的生产要素变化数据(如采购主管纪录个材料库中的原材料变化数据，生产主管记录在制品变化的数据等)。当到交易处(监督员)进行贷款、采购原材料、应收账款到期、交货等业务时，必须携带运行手册。

(2) 上报报表

每年运行结束后，各公司需要在规定的时间内上报裁判组 3 张报表，这 3 张报表分别是：《综合费用明细表》、《利润表》、《资产负债表》。

(3) 违规及扣分(也可由老师根据情况另定，罚分在系统中不体现)

竞赛最终是以评分为判别优胜标准。在企业运行过程中，对于不能按照规则运行的企业和不能按时完成运行的企业，在最终竞赛总分中，给予减分的处罚。

(4) 运行超时扣分

运行超时是指不能按时提交报表的情况。处罚：超时 10 分钟之内的，按 1 分/分钟(含 1

分钟内)计算罚分;超过 10 分钟时,将按 2 分/分钟扣罚,但最多只允许再超时 5 分钟;如果到 15 分钟后还不能提交报表时,系统自动封账。被强行封账的参赛队按自动退出比赛处理。上报的报表必须是与账实相符的报表,如果上交的报表与"系统"提供的状况不符,(如销售统计与利润表不符、资产负债表不平等),在总得分中扣罚 10 分/次,并以"系统"提供的报表为准修订沙盘状态。

(5) 违规扣分

在运行过程中下列情况属违规。

① 在每年后的公开查访时段,盘面与"系统"提供的状态不符。
② 对裁判正确的判罚不服从。
③ 在比赛期间擅自到其他赛场走动。
④ 其他严重影响比赛正常进行的活动。

如有以上行为者,视情节轻重,扣除该队 20~50 分。

(6) 破产

比赛以下列条件判定为破产。

① "系统"在广告投放完毕、当季(年)开始、当季(年)结束、更新原料库等 4 个测试点,自动检测已有现金加上最大贴现及出售所有库存及厂房贴现后,是否具有足够的支付能力,如果不够,"系统"则判断为破产,并关闭系统。此时,应及时联系裁判,做最终的判定。

② 当年结束,若权益为负,则破产退出系统,需联系裁判。破产的企业可以在裁判监督下继续经营,不参加最后的成绩排名。

本章小结

ERP 沙盘模拟课程,是一个从理论到实践,再到理论的螺旋上升过程,把自己的亲身经历的宝贵实践经验转化为全部的理论模型,是隐性知识的有效转移过程。

通过对本章的学习,应该理解 ERP 沙盘的基本概念和优势,尽快熟悉 ERP 沙盘的盘面要素和经营规则,掌握电子沙盘软件的操作方法与技巧。只有通过不断的演练,才能把自己的企业经营管理思想加以实施。每一次基于现场的案例分析和企业诊断,都会使学习者恍然大悟,达到磨练商业决策敏感度,提升决策能力及长期规划能力的目的。也只有在体验了沙盘模拟企业的业务过程后,学习者才能更为深刻地理解实际企业运行和管理模式,把握企业 ERP 软件系统的业务处理原理,达到两者的有机结合。

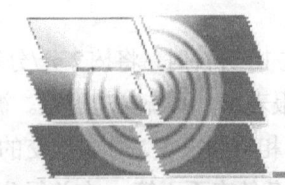

第4章
ERP-T6处理沙盘企业经营流程

内容提要

通过前面沙盘训练的练习，我们了解了制造企业的基本业务流程，并充分体验到在企业经营过程中，信息交换、共享的必要性。虽然使用了电子沙盘，但基本的数据分析、处理和信息交换都是团队成员手工处理来完成的，电子沙盘充当了政府、供应商、客户、银行等机构的作用，保证了模拟经营的高效性。但是，ERP电子沙盘中所模拟的业务过程和企业所使用的真正的ERP软件系统是什么关系？能不能在现实的ERP系统中，将沙盘的业务完整地进行再现，让我们直观、感性地理解ERP软件的功能作用和基本操作？本单元实训涉及沙盘教学年度主要的业务处理，包括系统管理、工资、固定资产、采购与应付、销售与应收、库存管理、存货核算、总账及报表等主要软件功能模块。

本章重点

- 理解模拟企业的基本背景、期初业务设置。
- 掌握从电子沙盘中导出模拟企业的业务操作记录。
- 能够依照业务操作表，在电子沙盘模拟业务的图形化指导下，利用ERP-T6进行业务处理。
- 正确理解沙盘业务和实际ERP系统处理的异同。

4.1 模拟业务概述

某企业是一家典型的离散制造型企业，长期以来一直专注于某行业P系列产品的生产和经营。目前企业拥有自主厂房(大厂房)，其中安装了3条手工生产线和一条半自动生产线，运行状态良好。所有生产设备全部生产P1产品，几年来一直在本地市场进行销售，有一定的知名度，客户很满意。

但是，随着市场竞争的加剧，企业经营中出现的种种弊端也暴露出来。表现为生产设备陈旧；产品和市场单一；企业利润增长缓慢。鉴于此，公司董事会及全体股东决定聘请优秀的管理人才，抓住机遇，投资新产品，使公司的市场地位得到进一步的提升；积极开拓新市场，扩大生产规模，提高生产效率，带领企业进入快速发展阶段。

与此同时，公司高层也看到信息化技术对于获得企业竞争优势的重大作用，决定从本年度开始在企业各部门实施ERP信息系统，将所有的业务过程都在ERP-T6中进行处理。为了ERP顺利上线，公司聘请了ERP实施顾问，对公司原有的基本数据资料进行了整理，并指出了在ERP-T6中的实现样式。

1. 增加用户

以系统管理员(Admin)身份登录用友ERP-T6系统管理，口令为空。选择"权限"|"用户"，设置本企业操作员及对应角色。

提示：
➢ 操作员姓名可以是实训者的真实姓名，本例设成"财务经理"。

2. 建立企业核算账套

以系统管理员(Admin)身份登陆用友ERP-T6系统管理，选择"账套"|"建立"。参照以下提示信息建立企业核算账套。

账套名称：T6企业管理信息化沙盘实训案例

启用会计期：2010-01-01　　　　　企业类型：工业

行业性质：2007年新会计准则科目　　账套主管：财务经理

分类：存货、客户、供应商　　　　　编码精度：小数全是2位

科目编码级次：42222　　　　　　　客户分类：234

供应商分类：234　　　　　　　　　存货分类：22223

部门编码：22　　　　　　　　　　　地区分类：234　　　结算方式：12

3. 设置系统启用

建账完成后立即启用相应功能模块或者由账套主管"财务经理"进入企业应用平台，选择"设置"|"基本信息"|"系统启用"。启用总账、应收款管理、应付款管理、工资管理、固定资产、销售管理、采购管理、库存管理、存货核算，启用日期为2010-01-01。系统启用的操作界面如图4-1所示(其他业务可做类比操作)。

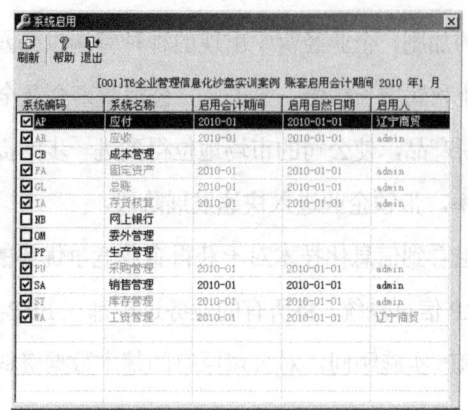

图 4-1　T6 功能模块系统启用

4.2　模拟业务基础档案录入

由账套主管在企业应用平台中,选择"设置"|"基础档案",按照以下提示设置 T6 企业管理信息化沙盘实训案例基础档案。

1. 部门档案

按照表 4-1 所提供的部门资料录入部门档案,结果如图 4-2 所示。

表 4-1　部门档案

部门编码	部门名称
01	经理办公室
02	财务部
03	采购部
04	销售部
05	生产部

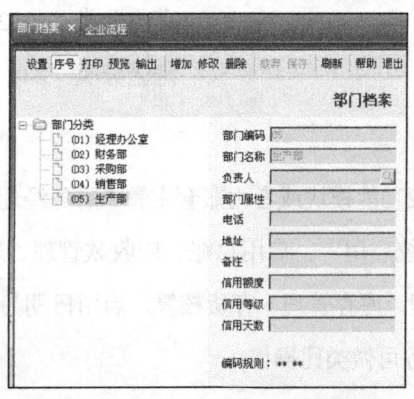

图 4-2　录入部门档案

2. 人员档案

按照表4-2提供的人员资料录入人员档案，T6对应处理界面如图4-3所示。

表4-2 人员档案

人员编号	人员名称	行政部门	人员类别	是否业务员
01001	总经理	经理办公室	在职人员	是
01002	信息专员	经理办公室	在职人员	是
02001	财务经理	财务部	在职人员	是
02002	会计	财务部	在职人员	是
02003	出纳员	财务部	在职人员	是
03001	采购经理	采购部	在职人员	是
03002	采购员	采购部	在职人员	是
04001	销售经理	销售部	在职人员	是
04002	销售员	销售部	在职人员	是
05001	生产经理	生产部	在职人员	是

图4-3 模拟企业的人员档案

3. 客户分类

我们将客户分为两类：普通客户和沙盘企业客户。普通客户即外部客户，在《ERP沙盘模拟》课程中由指导教师充任；沙盘企业客户即现场除本企业之外的其他企业，用于明确在企业运营过程中可能会发生的组间交易情况。按照表4-3所示录入客户分类，结果如图4-4所示。

表4-3 客户分类

分类编码	分类名称
01	普通客户
02	沙盘企业客户

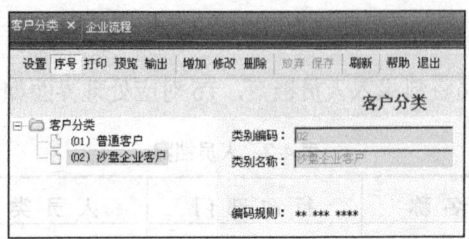

图 4-4　录入客户分类

4. 供应商分类

按照表 4-4 所示录入供应商分类,结果如图 4-5 所示。

表 4-4　供应商分类

分 类 编 码	分 类 名 称
01	普通供应商
02	沙盘企业供应商
03	紧急采购供应商

图 4-5　录入供应商分类

5. 客户档案

假设本企业为 H 企业,整理客户档案资料如表 4-5 所示,T6 软件客户档案录入如图 4-6 所示。

表 4-5　客户档案

客 户 编 号	客 户 名 称	所属分类码	分管部门名称	专营业务员名称
01001	本地客户	01	销售部	销售员
01002	区域客户	01	销售部	销售员
01003	国内客户	01	销售部	销售员
01004	亚洲客户	01	销售部	销售员
01005	国际客户	01	销售部	销售员

(续表)

客户编号	客户名称	所属分类码	分管部门名称	专营业务员名称
02001	A 企业	02	销售部	销售员
02002	B 企业	02	销售部	销售员
02003	C 企业	02	销售部	销售员
02004	D 企业	02	销售部	销售员
02005	E 企业	02	销售部	销售员
02006	F 企业	02	销售部	销售员
02007	G 企业	02	销售部	销售员
02008	H 企业	02	销售部	销售员

图 4-6　客户档案录入

6. 供应商档案

假设本企业为 H 企业，整理供应商档案如表 4-6 所示，T6 软件供应商档案录入如图 4-7 所示。

表 4-6　供应商档案

供应商编号	供应商名称	所属分类码	分管部门名称	专营业务员名称
01001	原材料供应商	01	供应部	采购员
02001	A 企业	02	供应部	采购员
02002	B 企业	02	供应部	采购员
02003	C 企业	02	供应部	采购员
02004	D 企业	02	供应部	采购员
02005	E 企业	02	供应部	采购员
02006	F 企业	02	供应部	采购员
02007	G 企业	02	供应部	采购员

(续表)

供应商编号	供应商名称	所属分类码	分管部门名称	专营业务员名称
02008	H企业	02	供应部	采购员
03001	紧急原料供应商	03	供应部	采购员
03002	紧急产品供应商	03	供应部	采购员

图 4-7 供应商档案录入

7. 存货分类

本企业存货分为两类，如表 4-7 所示，T6 软件存货分类录入如图 4-8 所示。

表 4-7 存货分类

存货分类编号	存货分类名称
01	原材料
02	产成品

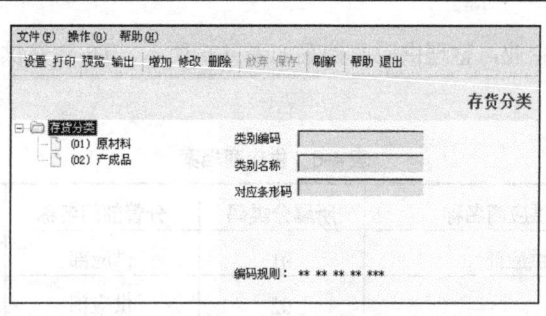

图 4-8 存货分类录入

8. 计量单位

本企业统一使用一种计量单位——个。

先建立计量单位组——编码：01；名称：数量核算组；类别无换算率。

在其中再建立计量单位——编码：01；名称：个。

T6 软件计量单位录入如图 4-9 所示。

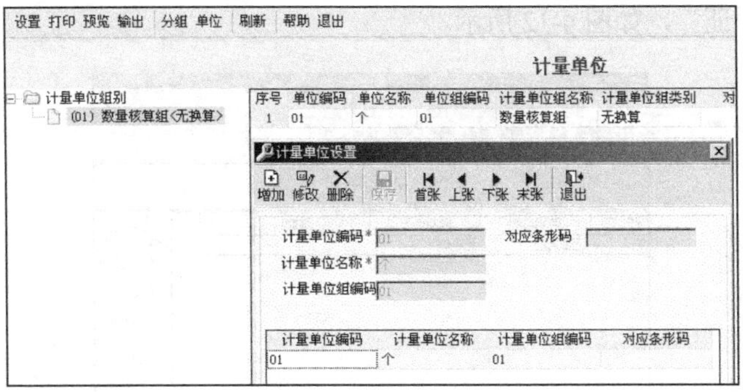

图 4-9 录入计量单位

9. 存货档案

本公司的存货档案如表 4-8 所示,存货档案对应的 T6 存货档案处理界面如图 4-10 和图 4-11 所示。

表 4-8 存货档案

编 号	名 称	分 类	单 位	存 货 属 性	供 货 单 位	业 务 员
01001	R1	原材料	个	外购、生产耗用、销售	原料供应商	采购员
01002	R2	原材料	个	外购、生产耗用、销售	原料供应商	采购员
01003	R3	原材料	个	外购、生产耗用、销售	原料供应商	采购员
01004	R4	原材料	个	外购、生产耗用、销售	原料供应商	采购员
02001	P1	产成品	个	外购、销售、自制		
02002	P2	产成品	个	外购、销售、自制		
02003	P3	产成品	个	外购、销售、自制		
02004	P4	产成品	个	外购、销售、自制		

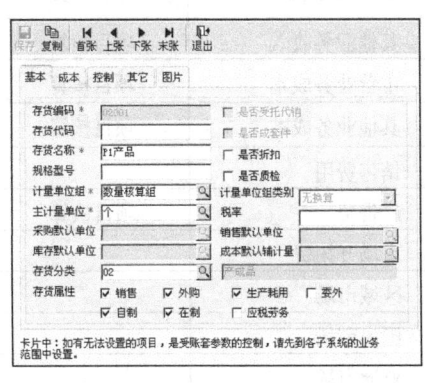

图 4-10 存货档案录入

图 4-11 存货档案

10. 凭证类别

设置"记账凭证",如图 4-12 所示。

图 4-12 凭证分类设置

11. 会计科目

公司采用 2007 年新会计准则科目进行核算。根据公司的核算要求对如下科目进行了明细设置,如表 4-9 所示,有关科目设置软件操作如图 4-13~图 4-15 所示。

表 4-9 科目档案

类　型	级次	科目编码	科目名称	辅助账类型
资产	1	1122	应收账款	客户往来
负债	1	2202	应付账款	供应商往来
成本	1	5001	生产成本	
成本	2	500101	基本生产成本	
成本	3	50010101	材料费	项目核算
成本	3	50010102	人工费	项目核算
成本	2	500102	辅助生产成本	
损益	1	6001	主营业务收入	项目核算
损益	1	6051	其他业务收入	项目核算
损益	1	6401	主营业务成本	项目核算
损益	1	6402	其他业务成本	项目核算
损益	1	6601	销售费用	
损益	2	660101	广告费	项目核算
损益	2	660102	市场开拓费	
损益	3	66010201	区域市场	
损益	3	66010202	国内市场	
损益	3	66010203	亚洲市场	
损益	3	66010204	国际市场	

(续表)

类型	级次	科目编码	科目名称	辅助账类型
损益	1	6602	管理费用	
损益	2	660201	行政费	
损益	2	660202	租金	
损益	3	66020201	大厂房	
损益	3	66020202	小厂房	
损益	2	660203	设备维护费	项目核算
损益	2	660204	折旧费	
损益	2	660205	研发费	项目核算
损益	2	660206	ISO认证费	
损益	3	66020601	ISO9000	
损益	3	66020602	ISO14000	
损益	2	660207	转产费用	
损益	2	660208	违法罚款损失	项目核算
损益	2	660299	其他	
损益	1	6603	财务费用	
损益	2	660301	利息支出	
损益	3	66030101	长期贷款利息支出	
损益	3	66030102	短期贷款利息支出	
损益	3	66030103	高利贷利息支出	
损益	3	66030104	贴现利息支出	
损益	2	660302	利息收入	

提示：

在进行科目设置时，同时应完成指定科目的设置，包括指定"现金总账科目"、"银行总账科目"和"现金流量科目"。

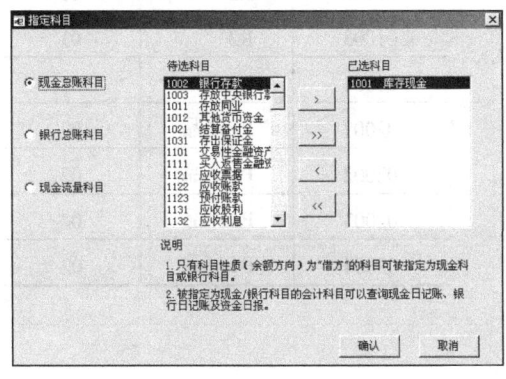

图4-13 指定科目设置

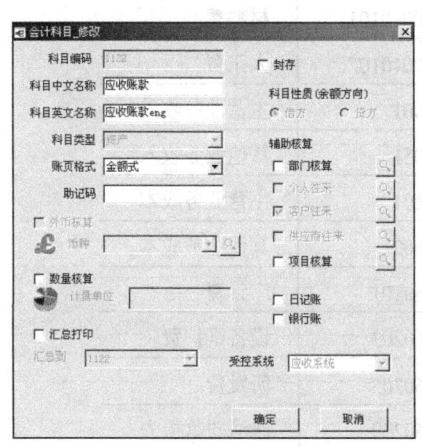

图4-14 科目设置

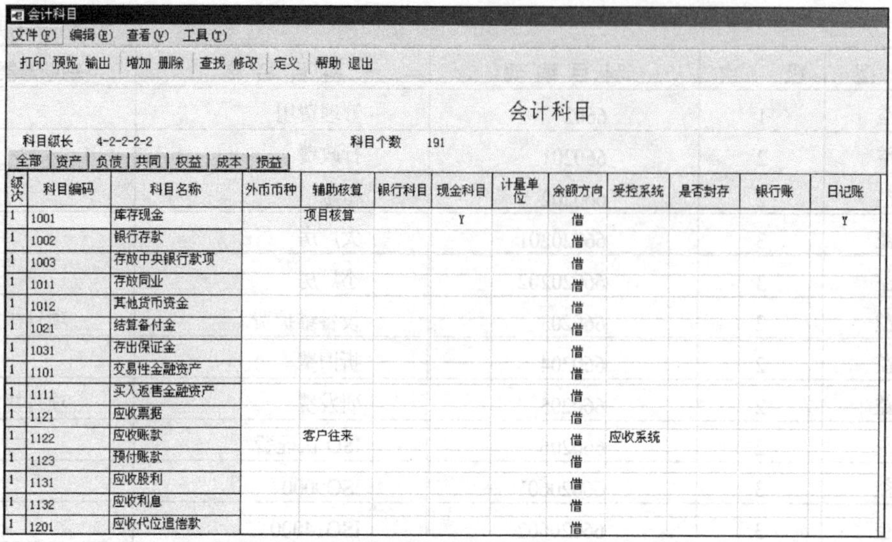

图 4-15 会计科目

12. 项目档案

T6 企业管理信息化沙盘实训案例要求对所生产的 P 系列产品进行独立的产品盈亏核算，因此需要按产品建立存货核算项目档案；对所建立的每条生产线进行独立核算，需要建立生产线建设工程项目档案。

提示：

> 建立存货核算项目大类，项目结构使用系统存货目录，项目分类定义为 01 原料、02 产成品；存货项目核算科目和存货核算项目目录如表 4-10 和表 4-11 所示，有关软件操作如图 4-16~图 4-19 所示。

表 4-10　存货核算科目表

科目编码	科目名称
50010101	材料费
50010102	人工费
6001	主营业务收入
6051	其他业务收入
6401	主营业务成本
6402	其他业务成本
660101	广告费
660203	设备维护费
660205	研发费
660209	违法罚款损失
6711	营业外支出

表 4-11　存货核算项目目录表

存货编码	存货名称	所属分类码
01001	R1	01
01002	R2	01
01003	R3	01
01004	R4	01
02001	P1 产品	02
02002	P2 产品	02
02003	P3 产品	02
02004	P4 产品	02

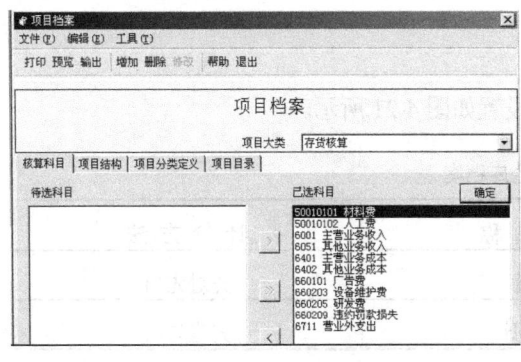

图 4-16 项目核算科目定义

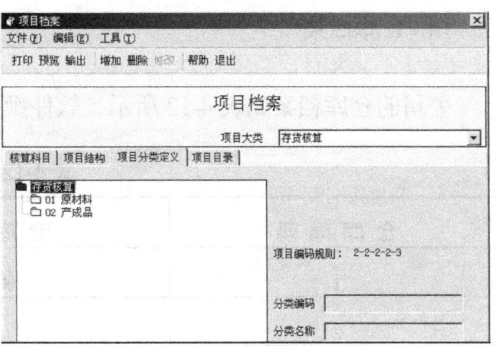

图 4-17 项目分类定义

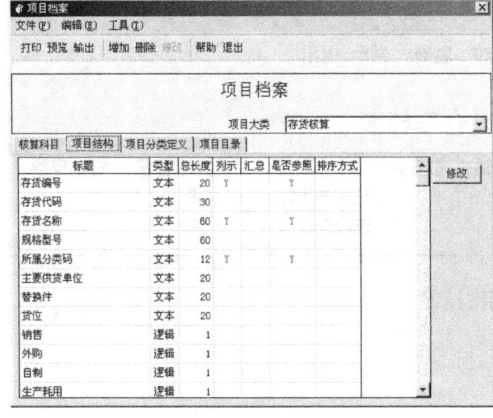

图 4-18 项目结构定义

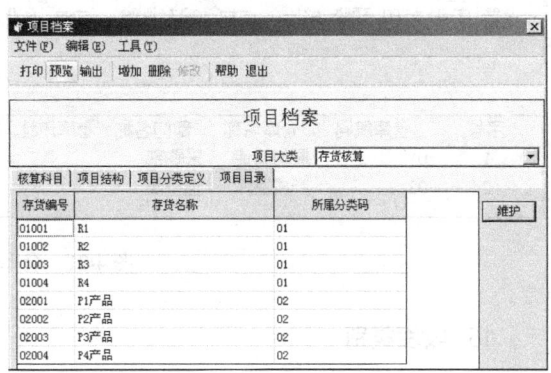

图 4-19 项目目录定义

> 生产线建设工程项目大类的项目核算科目为 1604 在建工程；项目分类为：1 自建生产线；项目目录为：101 手工生产线、102 半自动生产线、103 全生动生产线、104 柔性生产线，操作略。

13. 结算方式

本课程中只存在一种结算方式，就是"现金"结算。设置如图 4-20 所示。

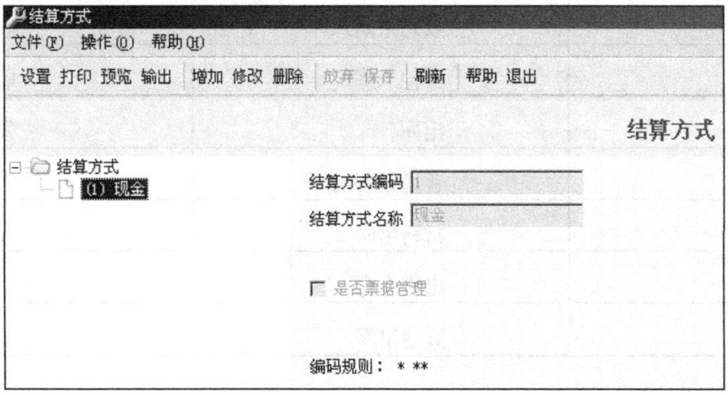

图 4-20 结算方式设置

14. 仓库档案

公司的仓库档案如表 4-12 所示。软件操作设置如图 4-21 所示。

表 4-12 仓库档案

仓库编码	仓库名称	计价方法
1	原料库	先进先出
2	产成品库	先进先出

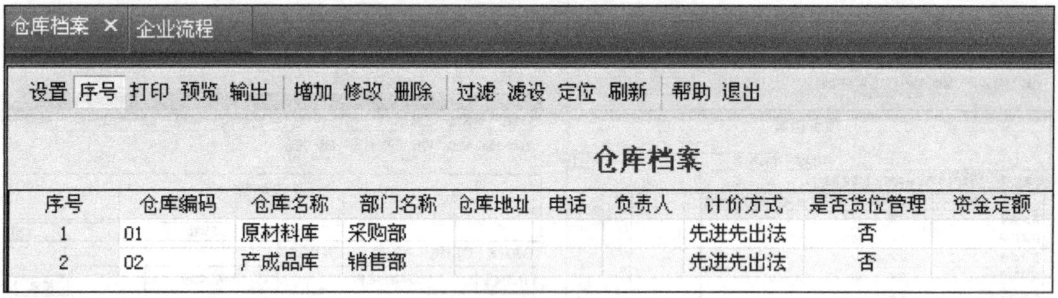

图 4-21 仓库档案设置

15. 收发类别

公司的收发类别设置资料如表 4-13 所示，软件操作设置如图 4-22 所示。

表 4-13 收发类别档案

收发类别编码	收发类别名称	收 发 标 志
1	入库	收
11	正常采购入库	收
12	产成品入库	收
13	紧急采购入库	收
19	其他入库	收
2	出库	发
21	普通销售出库	发
22	材料出库	发
23	出售库存	发
24	其他出库	发

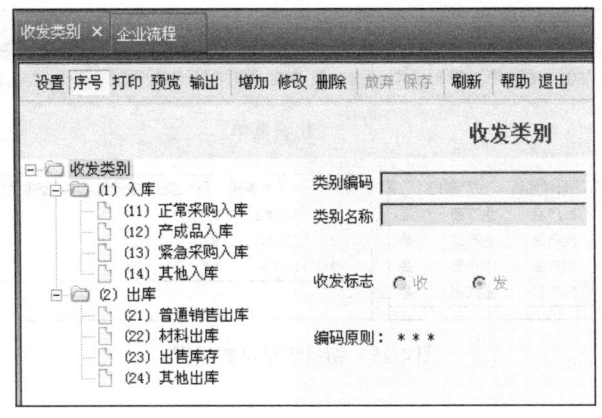

图 4-22　收发类别设置

16. 采购类型/销售类型

有关采购类型和普通类型设置如图 4-23、图 4-24 所示。

图 4-23　销售类型设置　　　　图 4-24　采购类型设置

17. 产品结构

公司生产的 P 系列产品都有明确的产品结构，在进行材料出库业务时可以根据标准的产品结构进行配比出库，因此需要在基础档案中提前设置产品结构。该公司的 P 系列产品结构如表 4-14 所示，公司的 BOM 清单对应的 T6 处理界面如图 4-25 所示。

表 4-14　产品结构

母　　件	子　　件	数　　量
P1	R1	1
P2	R1	1
	R2	1
P3	R1	1
	R3	1
	R4	1
P4	R2	1
	R3	1
	R4	2

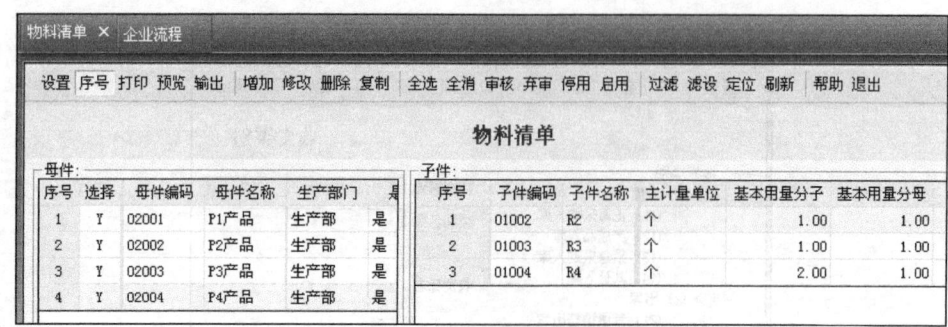

图 4-25 物料清单维护设置

4.3 模拟业务期初数据录入

ERP 沙盘中模拟企业期初资产负债简表如图 4-26 所示。

资产	期初数	期末数	负债和所有者权益	期初数	期末数
流动资产：			负债：		
现金	24		长期负债	40	
应收款	15		短期负债	0	
在制品	8		应付账款	0	
成品	6		应交税金	1	
原料	3		一年到期长债	0	
流动资产合计	56		负债合计	41	
固定资产：			所有者权益：		
土地和建筑	40		股东资本	54	
机器与设备	13		利润留存	11	
在建工程	0		年度净利	3	
固定资产合计	53		所有者权益合计	68	
资产合计	109		负债和权益合计	109	

图 4-26 期初资产负债表简表

1. 总账期初设置及期初余额录入

操作：在总账系统中，选择"设置"|"期初余额"。

数据：表 4-15 为公司总账中各科目的期初余额情况。

表 4-15 总账期初明细表

科目名称	方向	期初余额(M)
1001 库存现金	借	24
1122 应收账款	借	15
1403 原材料	借	3
1405 库存商品	借	6
1601 固定资产	借	65
1602 累计折旧	贷	12
2221 应交税费	贷	1
222101 应交所得税	贷	1
2501 长期借款	贷	40
4001 实收资本	贷	54
400101 初始投资	贷	54
4104 利润分配	贷	14
410401 未分配利润	贷	14
5001 生产成本	借	8
500101 基本生产成本	借	8
50010101 材料费	借	4
50010102 人工费	借	4

说明：

- 末级科目直接录入具体余额。
- 带辅助核算的科目应双击进入辅助账期初余额录入界面，该企业目前在产品只有 P1 产品。
- 总账中"应收账款"科目的期初余额通过从"应收账款管理"模块引入期初余额明细实现。
- 总账期初录入完成之后，一定要进行试算平衡，结果如图 4-27 所示。

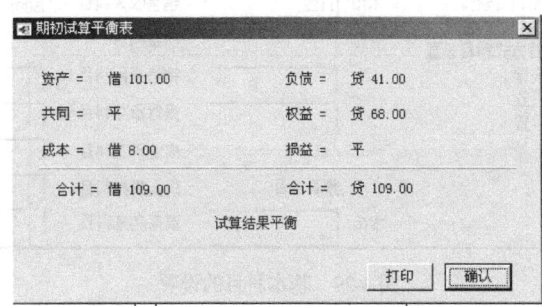

图 4-27 总账期初余额试算平衡表

2. 应收/应付的期初设置及录入

操作：在应收款管理系统中，选择"设置"|"期初余额"，增加一张期初应收单，如图 4-28 所示。

数据：在教学年度，公司的期初应收款为本地客户应收账款，金额 15M，应付款无期初余额。录入完所有期初余额后与总账进行对账处理，看是否平衡。

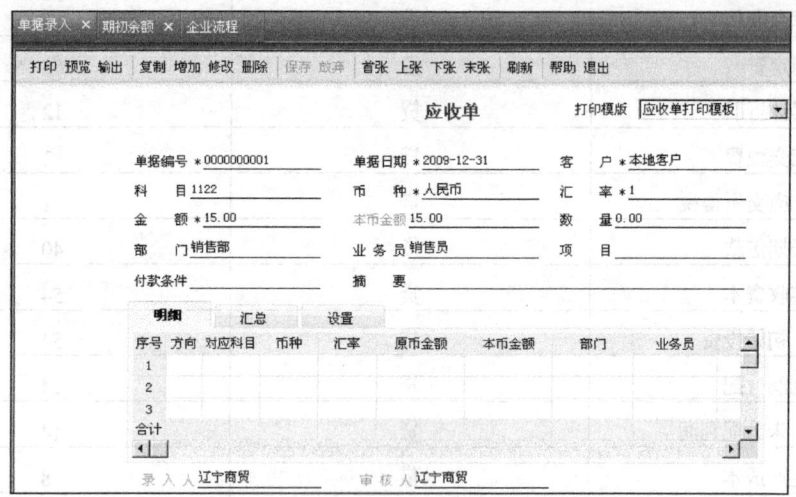

图 4-28 模拟企业的应收款期初

说明：

➢ 为了正确地进行结算方式科目设置，必须首先进行应收应付模块期初设置，以便于处理凭证时自动选择归集的入账科目。在应收/应付款管理系统中，进行操作"设置"|"初始设置"|"设置科目"|"基本科目设置"，和操作"设置"|"初始设置"|"设置科目"|"结算方式科目设置"分别如图 4-29、图 4-30 所示。

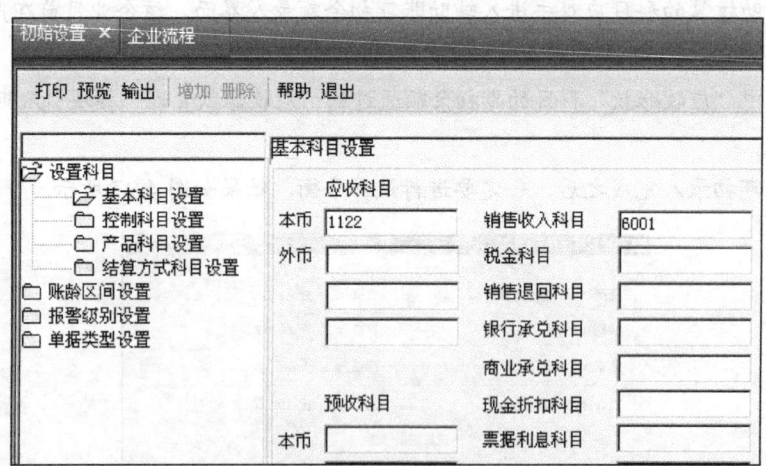

图 4-29 基本科目的设置

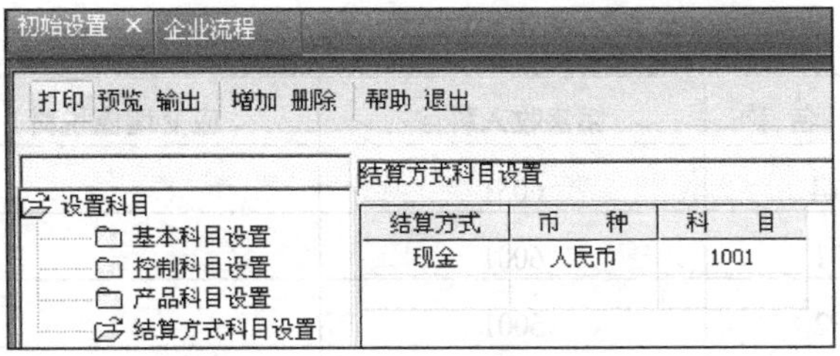

图 4-30 结算方式科目的设置

(1) 应收款管理模块的设置科目内容

基本科目设置：

  应收科目   1122

  销售收入科目 6001

控制科目设置如表 4-16 所示。

表 4-16 应收款控制科目设置

客户编号	客户名称	应收科目	预收科目
01001	本地客户	1122	
01002	区域客户	1122	
01003	国内客户	1122	
01004	亚洲客户	1122	
01005	国际客户	1122	
02001	A 企业	1122	
02002	B 企业	1122	
02003	C 企业	1122	
02004	D 企业	1122	
02005	E 企业	1122	
02006	F 企业	1122	
02007	G 企业	1122	
02008	H 企业	1122	

产品科目设置如表 4-17 所示。

表 4-17 应收款产品科目设置

存货编码	存货名称	销售收入科目	应交增值税科	销售退回科目
01001	R1	6051		
01002	R2	6051		
01003	R3	6051		

(续表)

存货编码	存货名称	销售收入科目	应交增值税科	销售退回科目
01004	R4	6051		
02001	P1	6001		
02002	P2	6001		
02003	P3	6001		
02004	P4	6001		

结算方式科目设置:

  现金　RMB　1001

(2) 应付款管理模块的设置科目内容

基本科目设置:

  应付科目　2202

  采购科目　1402

控制科目设置如表 4-18 所示。

表 4-18　应付款控制科目设置

供应商编号	供应商名称	应付科目	预付科目
01001	原材料供应商	2202	
02001	A 企业	2202	
02002	B 企业	2202	
02003	C 企业	2202	
02004	D 企业	2202	
02005	E 企业	2202	
02006	F 企业	2202	
02007	G 企业	2202	
02008	H 企业	2202	
03001	紧急原料供应商	2202	
03002	紧急产品供应商	2202	

产品科目设置如表 4-19 所示。

表 4-19　应付款产品科目设置

存货编码	存货名称	采购科目	产品采购税金科目
01001	R1	1401	
01002	R2	1401	

(续表)

存货编码	存货名称	采购科目	产品采购税金科目
01003	R3	1401	
01004	R4	1401	
02001	P1	1405	
02002	P2	1405	
02003	P3	1405	
02004	P4	1405	

结算科目：

  现金　RMB　1001

3. 固定资产初始设置及期初余额录入

操作：在固定资产系统中，选择"卡片"|"录入原始卡片"，录入模拟企业固定资产期初数据原始卡片，如图 4-31~图 4-32 所示。

数据：模拟企业期初的固定资产，一个大厂房、三条手工线和一条半自动生产线，具体数据如表 4-20 所示。

表 4-20　固定资产期初余额明细表

固定资产编号	固定资产名称	开始使用日期	使用年限(月)	原值	净残值率	累计折旧	净值	项目
01001	大厂房	2009.12.31	600	40.00		0.00	40.00	
02001	手工生产线	2009.10.31	4	5.00	0.2	2.00	3.00	P1
02002	手工生产线	2009.10.31	4	5.00	0.2	2.00	3.00	P1
02003	手工生产线	2009.10.31	4	5.00	0.2	2.00	3.00	P1
02004	半自动生产线	2009.9.30	4	10.00	0.2	6.00	4.00	P1
合计				65.00		12.00	53.00	

说明：

> 固定资产折旧方法采用平均年限法，部门对应折旧科目设置为"生产部"。其资产分为两类："01 房屋建筑物"及"02 机器设备"。增减方式利用系统自动设置的增减方式即可，当新购置固定资产时对应的入账科目为"1001 现金"，在建工程完工转入时对应的入账科目为"1604 在建工程"，当出售固定资产时，期对应的入账科目为"1901 待处理财产损溢"。使用状况及折旧方法利用系统默认即可。在固定资产系统中，选择"设置"|"增减方式"，选中相应增减方式，单击"修改"后再单击"处理"按钮

即可。固定资产期初明细录入完成后应与总账中固定资产总额进行对账，确保总账、明细账一致。选择"处理"|"对账"，系统自动完成对账功能。

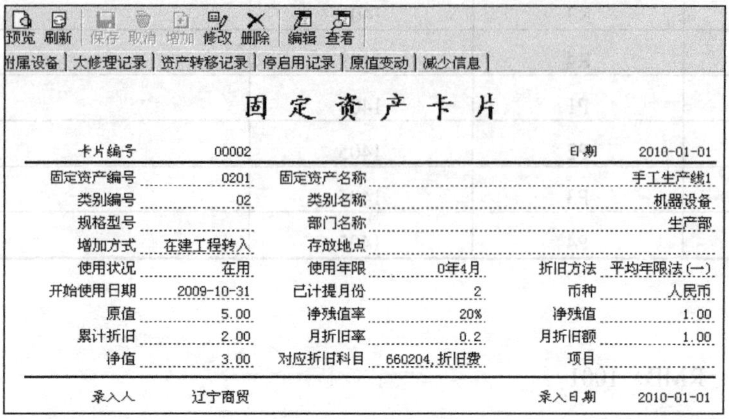

图 4-31 手工生产线固定资产原始卡片

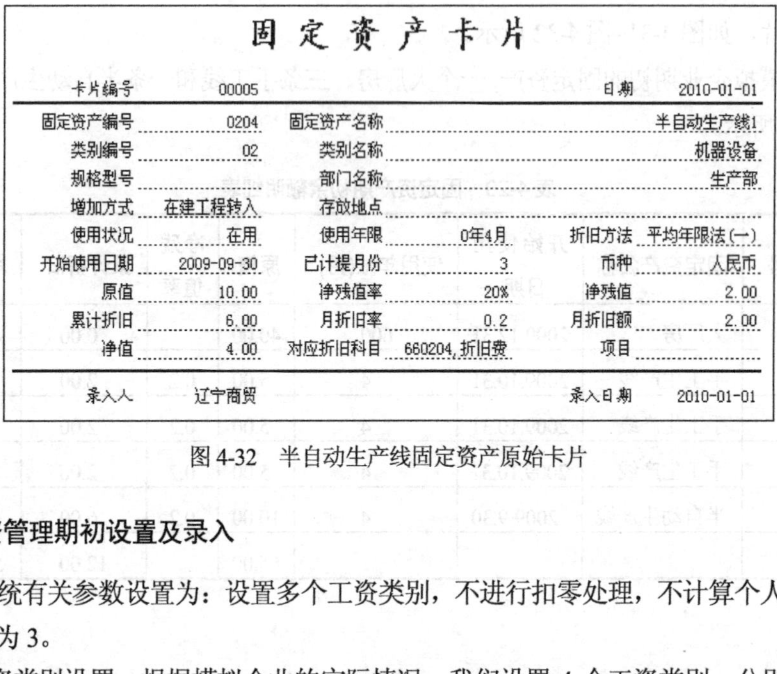

图 4-32 半自动生产线固定资产原始卡片

4. 工资管理期初设置及录入

工资系统有关参数设置为：设置多个工资类别，不进行扣零处理，不计算个人所得税，人员代码长度为 3。

(1) 工资类别设置。根据模拟企业的实际情况，我们设置 4 个工资类别，分别用来处理 4 个周期发生的工资数据，如图 4-33 所示。具体结果如下：

001　第一期工资

002　第二期工资

003　第三期工资

004　第四期工资

每个工资类别包括的部门为生产部。

(2) 人员类别设置为管理人员、生产人员、销售人员、车间管理人员、其他人员，T6 软件操作如图 4-34 所示。

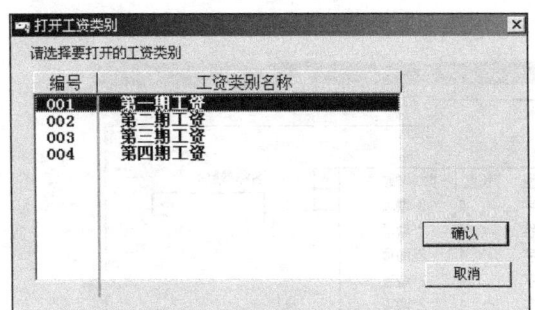

图 4-33 工资类别的设置

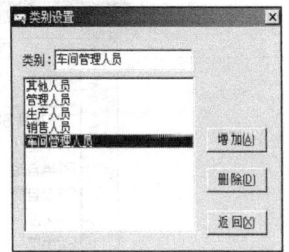

图 4-34 人员类别的设置

(3) 公共工资项目设置如下表 4-21 所示。

表 4-21 公共工资项目设置明细表

工资项目名称	类 型	长 度	小 数	增 减 项
P1 手工	数字	4	2	增项
P1 半自动	数字	4	2	增项
P1 全自动	数字	4	2	增项
P1 柔性	数字	4	2	增项
P2 手工	数字	4	2	增项
P2 半自动	数字	4	2	增项
P2 柔性	数字	4	2	增项
P3 手工	数字	4	2	增项
P3 半自动	数字	4	2	增项
P3 柔性	数字	4	2	增项
P4 手工	数字	4	2	增项
P4 半自动	数字	4	2	增项
P4 全自动	数字	4	2	增项
P4 柔性	数字	4	2	增项
应发合计	数字	4	2	增项
扣款合计	数字	4	2	减项
实发合计	数字	4	2	增项

操作：在工资管理系统中，关闭所有工资类别，选择"设置"|"工资项目设置"，录入上述工资项目，具体操作如图 4-35 所示。

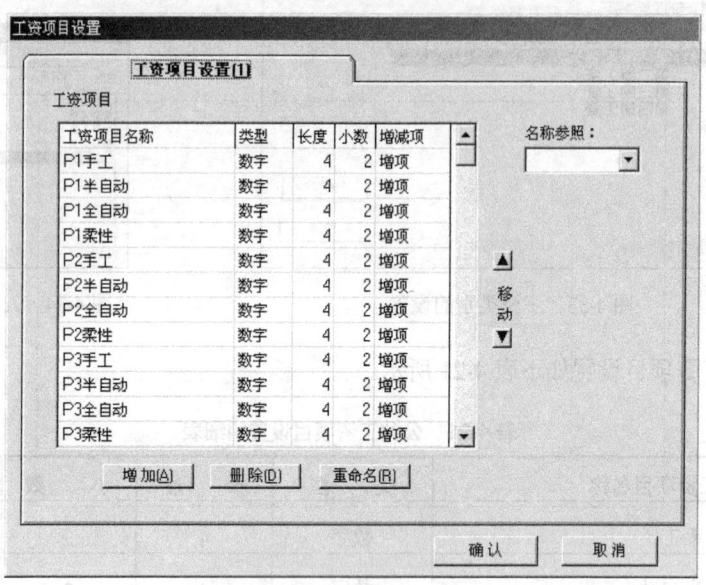

图 4-35　工资项目设置

（4）分别录入各工资类别人员档案，本例中 4 个工资类别的人员档案都相同，有关人员档案的资料如表 4-22 所示，下面将以第一期工资类别人员档案录入为例。

表 4-22　人员档案资料

部门名称	人员编号	人员姓名	人员类别	账　号	中方人员	是否计税
生产部	012	大厂房工人1	生产人员		是	否
生产部	013	大厂房工人2	生产人员		是	否
生产部	014	大厂房工人3	生产人员		是	否
生产部	015	大厂房工人4	生产人员		是	否
生产部	016	大厂房工人5	生产人员		是	否
生产部	017	大厂房工人6	生产人员		是	否
生产部	018	小厂房工人1	生产人员		是	否
生产部	019	小厂房工人2	生产人员		是	否
生产部	020	小厂房工人3	生产人员		是	否
生产部	021	小厂房工人4	生产人员		是	否

操作：在工资管理系统中，打开第一期工资类别，选择"设置"|"人员档案"，录入上述人员档案，具体操作如图 4-36 所示。

第4章 ERP-T6处理沙盘企业经营流程

图4-36 人员档案录入

(5) 各工资类别工资项目及计算公式初始设置都相同，下面以第一期工资类别为例。

打开第一期工资类别，设置该类别相应的工资项目，把设置好的公共工资项目全部选出，然后设置工资项目的计算公式：

应发合计= P1 手工+P1 半自动+P1 全自动+P1 柔性+P2 手工+P2 半自动+P2 全自动+P2 柔性+P3 手工+P3 半自动+P3 全自动+P3 柔性+P4 手工+P4 半自动+P4 全自动+P4 柔性。如图3-37所示。

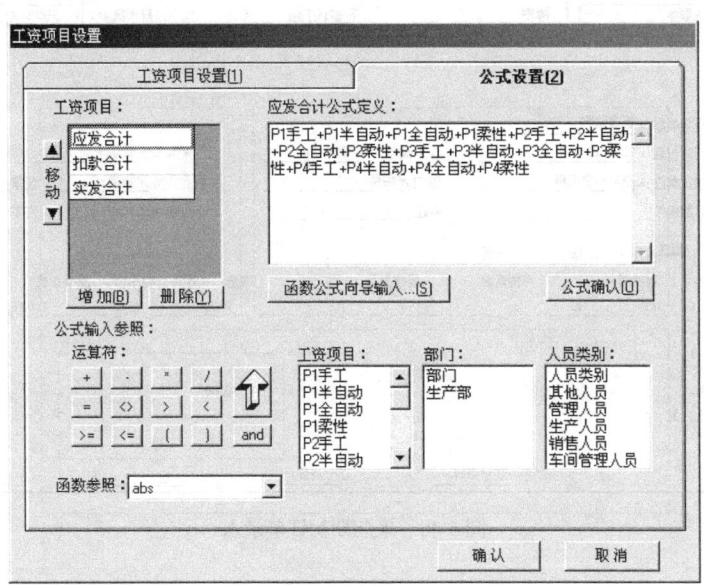

图3-37 应发合计计算公式设置

(6) 各工资类别工资分摊初始设置都相同，下面以第一期工资类别为例。

操作：在工资管理系统中，打开第一期工资类别，选择"业务处理"|"工资分摊"，进行有关工资分摊设置，具体操作如图4-38和图4-39所示。

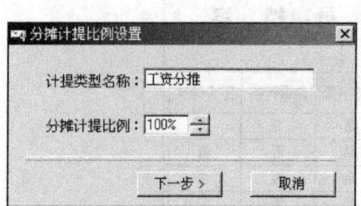
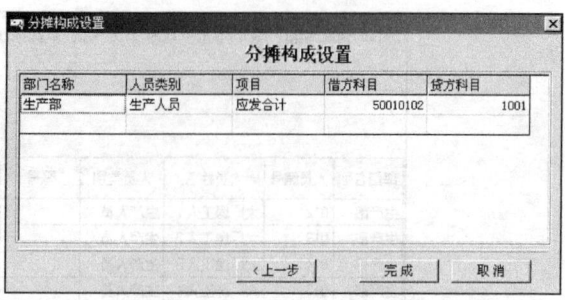

图 4-38 工资分摊类型设置　　　　图 4-39 工资分摊构成设置

5. 采购期初设置及录入

(1) 采购期初余额录入

操作：在采购管理系统中，选择"业务"|"订货"|"采购订单"，具体操作如图 4-40 所示。

数据：模拟公司的采购期初只有 2 个 R1 的订单。

说明：

➤ 采购期初录入包括期初采购订单、期初采购到货单、期初采购入库单(暂估入库的期初)、期初采购发票(采购在途的期初)的录入。

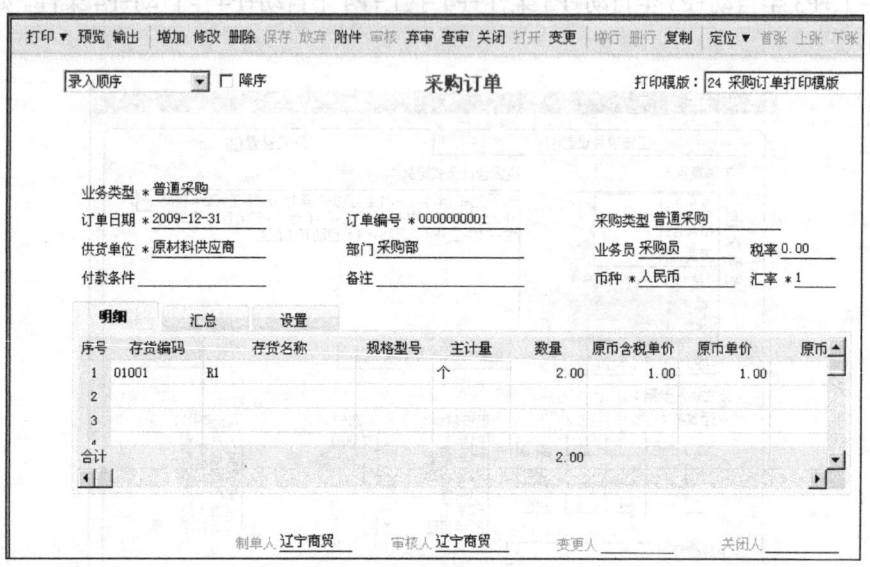

图 4-40 采购期初订单录入

(2) 采购期初记账

操作：在采购管理系统中，选择"设置"|"采购期初记账"。

说明：

➤ 采购期初记账是在完成采购期初的录入工作后对期初数据进行记账，是采购模块初始化工作的必做内容。只有完成采购期初记账，才能进行后续的采购日常业务处理。

6. 销售期初设置及录入

操作：在销售管理系统中，由于本模拟企业没有期初发货数据，所以选择“设置”|“销售选项”，进行有关销售选项参数设置，具体制作如图 4-41 和图 4-42 所示。

说明：

- 模拟公司一旦交货给客户就会收到应收账款或现金，因此采用开票(销售发票)即发货的销售业务模式：参照销售订单生成销售发票，由销售发票生成销售发货单，并由发货单审核生成销售出库单。减少录入工作，快速完成销售业务处理。这种处理方式就对销售的初始设置提出了两个要求：“销售生成出库单”和“参照订单生成发票”。

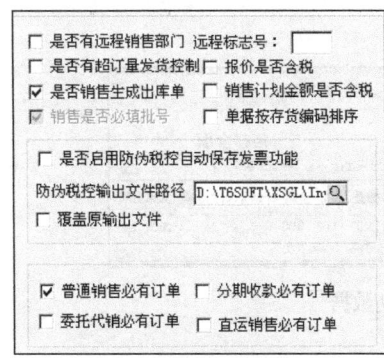

图 4-41 业务控制设置

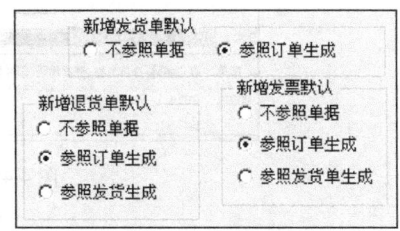

图 4-42 其他控制设置

7. 存货期初设置及录入

(1) 科目设置

操作：在存货核算系统中，分别选择“初始设置”|“科目设置”|“存货科目”和“对方科目”，进行相应科目的设置，如图 4-43 和图 4-44 所示。

存货科目

打印 预览 输出 增加 删除 保存 定位 帮助 退出

仓库编码	仓库名称	存货分类编码	存货分类名称	存货科目编码	存货科目名称
01	原材料库	01	原材料	1403	原材料
02	产成品库	02	产成品	1405	库存商品

图 4-43 存货科目设置

打印 预览 输出 增加 删除 帮助 退出

对方科目设置

收发类别编码	收发类别名称	存货分类编码	存货分类名称	存货编码	存货名称	部门编码	部门名称	项目大类编码	项目大类名称	项目编码	项目名称	对方科目编码	对方科目名称
11	正常采购入库	01	原材料	01001	R1							1402	在途物资
11	正常采购入库	01	原材料	01002	R2							1402	在途物资
11	正常采购入库	01	原材料	01003	R3							1402	在途物资
11	正常采购入库	01	原材料	01004	R4							1402	在途物资
12	产成品入库	02	产成品	02001	P1产品	05	生产部	ch	存货核算	02001	P1产品	50010101	材料费
12	产成品入库	02	产成品	02002	P2产品	05	生产部	ch	存货核算	02002	P2产品	50010101	材料费
12	产成品入库	02	产成品	02003	P3产品	05	生产部	ch	存货核算	02003	P3产品	50010101	材料费
12	产成品入库	02	产成品	02004	P4产品	05	生产部	ch	存货核算	02004	P4产品	50010101	材料费

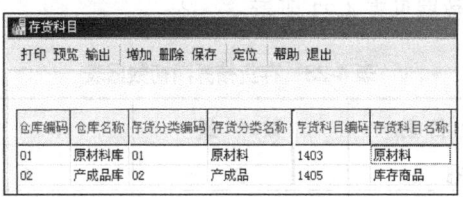

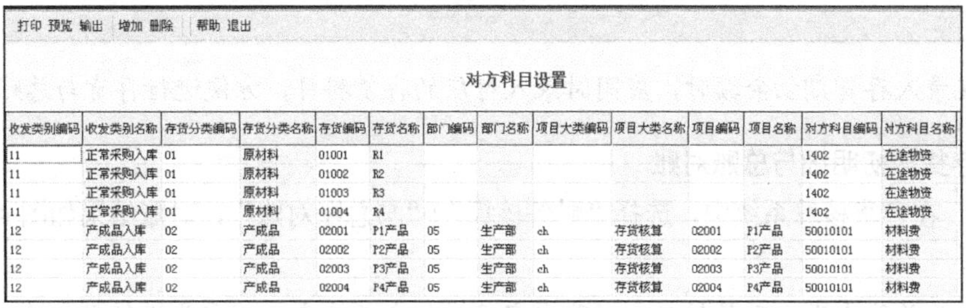

图 4-44 对方科目设置

说明：
> 存货核算模块的相关科目设置是为了在存货管理模块对出入库业务进行记账后，生成凭证时能自动带出所需入账科目，方便业务处理。主要内容包括存货科目设置及对方科目设置。"产成品入库"类别的对方科目应为"材料费"和"人工费"，在此仅设一个科目为对方科目，在生成相应凭证时再重新调整。

(2) 存货核算期初录入

操作：在存货核算系统中，选择"初始设置"|"期初数据"|"期初余额"，分仓库录入期初库存数据，如图4-45和图4-46所示。等库存系统的期初数据也录入完成后，进行库存与存货期初数据对账，对账正确后，执行期初记账。

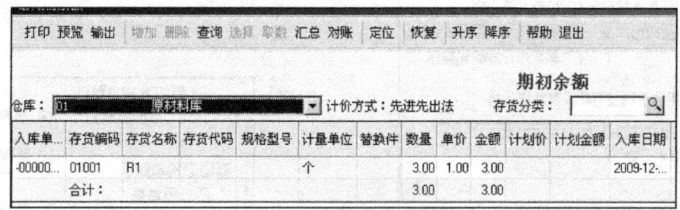

图4-45 原料库期初数据

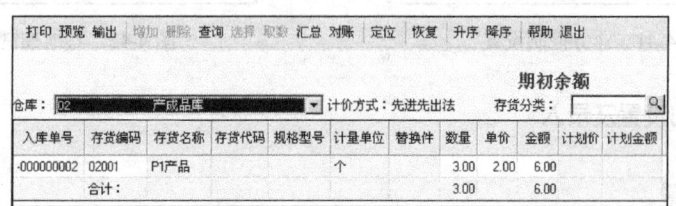

图4-46 产成品库期初数据

数据：有关库存期初数据见表4-23所示。

表4-23 存货核算期初数据表

仓　　库	存货名称	数　　量	单　　价	金　　额
原料库	R1	3	1	3
产成品	P1	3	2	6

说明：
> 在录入存货期初余额时，应同时录入对应的存货科目，方便进行存货与总账的对账。

(3) 存货期初明细与总账对账

操作：在存货核算系统中，选择"财务核算"|"与总账对账"，对账结果如图4-47所示。

说明：
> 由于总账中没有数量信息，对账内容只进行金额检查，不需要进行数量检查。

	科目	存货系统				总账系统		
编码	名称	期初结存金额	期初结存数量	期末结存金额	期末结存数量	期初结存金额	期末结存金额	期末结存数量
1403	原材料	3.00	3.00	3.00	3.00	3.00	3.00	0.00
1405	库存商品	6.00	3.00	6.00	3.00	6.00	6.00	0.00

图 4-47 存货期初与总账对账

8. 库存期初设置及录入

操作：在库存管理系统中，选择"初始设置"|"期初结存"，选定要录入期初数据的仓库后，单击"修改"，再单击"取数"，从存货系统中提取期初数据，然后单击"保存"后退出。

数据：与存货相同。

说明：

> 库存管理中不需要重新录入期初数据，只需把存货核算模块中的期初数据取过来就可以。为了实现这一需要，软件中设置了相应的取数操作。库存期初数据必须经过与存货核算模块进行对账和数据审核两个过程，操作如图 4-48 和图 4-49 所示。

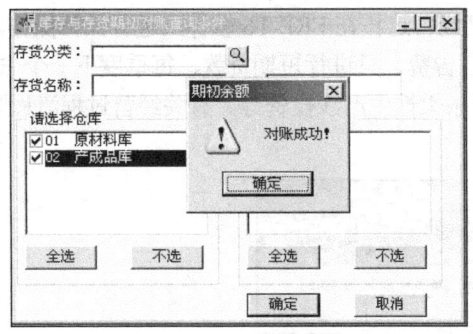

图 4-48 库存与存货期初对账

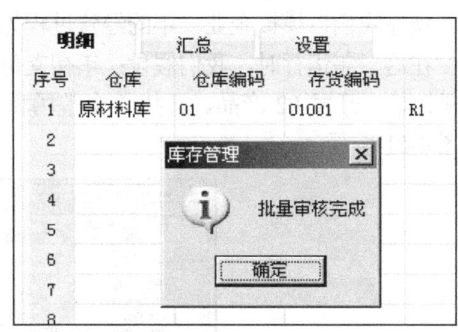

图 4-49 库存期初数据审核

4.4 日常业务处理

操作：使用电子沙盘系统，单击主界面上的"T6 对应处理"按钮后，出现"用友 ERP-T6"对照业务窗口。选择要进行业务处理的年度，单击"T6 单据生成"，可将电子沙盘中已经完成的业务进行快速制单和记账。左下角将出现具体的单据类型和业务类型，选择后自动弹出业务处理结果，如图 4-50 所示。

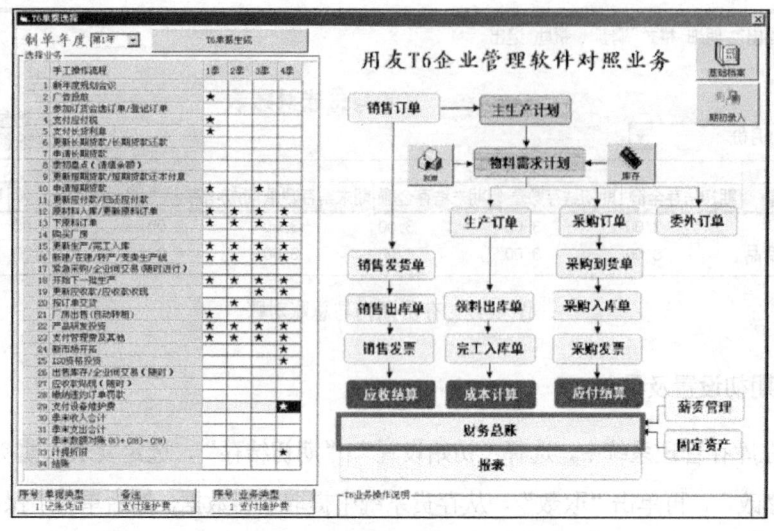

图 4-50　模拟企业的 T6 对应处理

说明：

> ★表示该位置发生了具体业务。右侧屏幕红色粗线框反映了当前业务处理所在的 ERP 模块位置。也可以通过单击右侧按钮，显示"基础档案"、"期初录入"、"BOM"以及"库存"相关信息。

现在我们以模拟企业一年的经营过程为例，把经营过程在 ERP-T6 软件上进行具体操作。

在这一年运行时，我们假设：年初支付 1M 广告费、只进行短期贷款、每季度下一个 R1 原料订单、开发 P2 产品、开拓 4 个市场和进行一条柔性生产线投资等。有关经营过程流程图如图 4-51 所示。

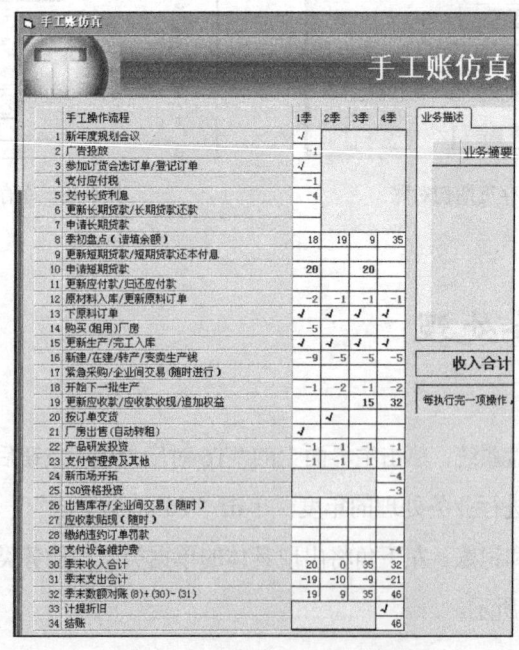

图 4-51　启始年经营过程流程图

说明：

> 有关业务操作时间，我们做如下约定，在 ERP 沙盘企业经营中，一、二、三、四期发生的业务，我们在 ERP-T6 软件中分别用一个会计月的 1 号、8 号、15 号、22 号来表示，月末处理用当月的最后一天时间进行登记。

1. 年初业务处理

(1) 广告业务处理

操作：在 ERP-T6 总账系统中，选择"凭证"|"填制凭证"，填制会计凭证，如图 4-52 所示。

数据：现金支付广告费 1M。

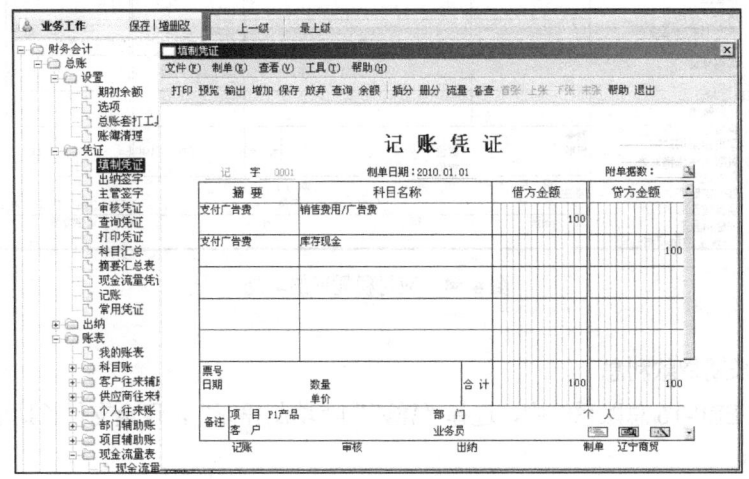

图 4-52　总账中支付广告费填制凭证

(2) 销售订货会

操作：在 ERP-T6 中选择"销售管理"|"业务"|"销售订货"|"销售订单"，增加一张新的销售订单，如图 4-53 所示。

数据：登记销售订单 P1，数量 6 个，总价 32M，应收款账期 2 期。

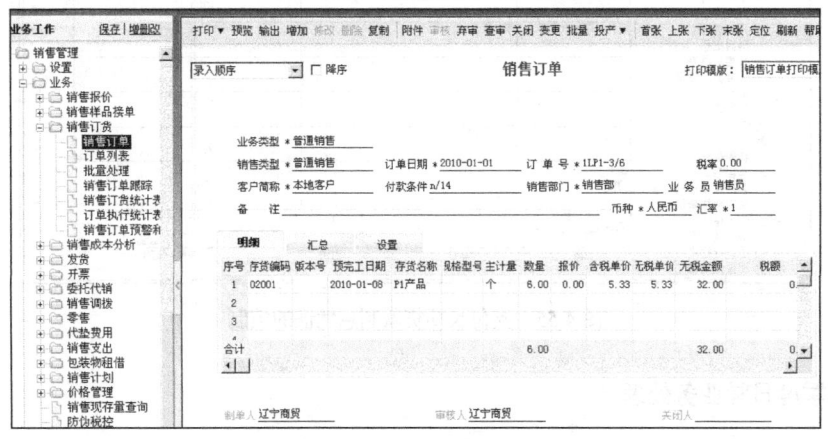

图 4-53　销售管理中销售订单处理

(3) 支付应付税

操作：在 ERP-T6 总账系统中，选择"凭证"|"填制凭证"，支付税金，如图 4-54 所示。

数据：支付应交税费/应交所得税 1M。

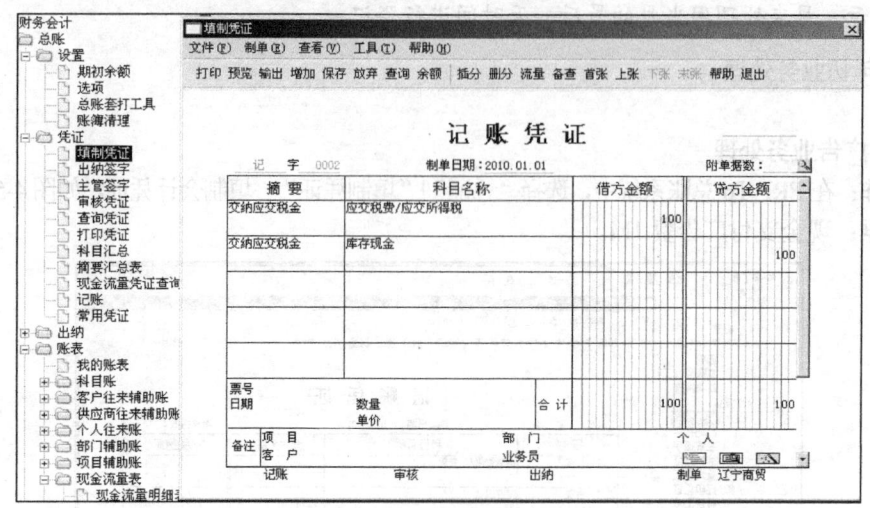

图 4-54　应付税凭证的填制

(4) 偿还长期贷款利息

操作：在 ERP-T6 总账系统中，选择"凭证"|"填制凭证"，现金支付长期借款利息 4M，如图 4-55 所示。

数据：支付财务费用/利息支出/长期贷款利息支出 4M。

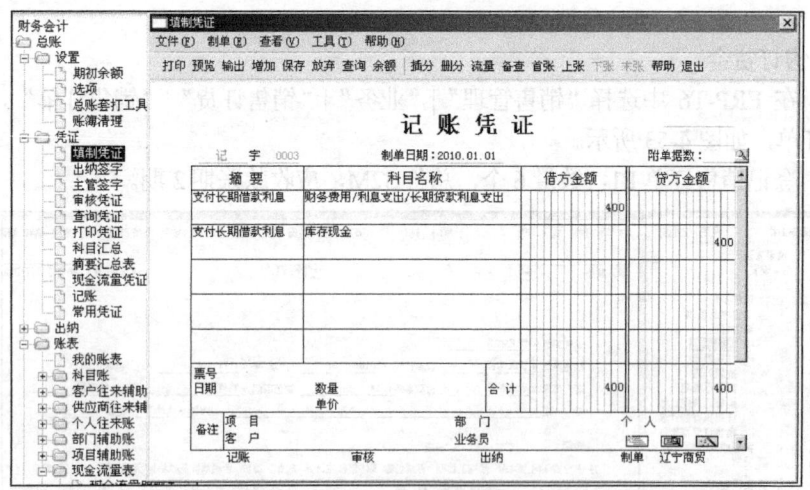

图 4-55　支付长期贷款利息凭证的填制

2. 每季度日常业务处理

公司每季度各项日常工作内容所对应的 ERP-T6 软件处理流程，如表 4-24 所示。

表 4-24 每季度日常工作列表

沙盘运营流程	T6 软件业务处理流程
季初现金盘点	总账：查询现金科目余额表或查询现金日记账
更新短期贷款/还本付息/申请短期贷款	总账：录入凭证
更新应付账款/归还应付账款	设表头自定义项，跟踪应付账款日期录入应付单据，核销生成凭证
更新原材料订单/原材料入库	原材料订单录入预计到货日期，进行查询，查当期到货的订单 库存管理：根据订单生成入库单并审核，存货核算中进行单据记账，生成凭证 采购模块：根据订单生成发票(进行现付)，进行结算 应付管理：采购发票审核，生成凭证
下原料订单	采购管理：录入采购订单并审核
更新生产/完工入库	库存管理：录入产成品完工入库单，审核 存货核算：记账，生成凭证
投资新生产线/变卖生产线/生产线转产	投资新生产线：有安装周期的，录入凭证，入在建工程科目；无安装周期的，新增固定资产卡片 变卖生产线：当月资产计折旧；固定资产模块进行资产减少，入固定资产清理科目；总账中录入凭证，现金增加
向其他企业购买原材料/出售原材料	直接做采购入库单/销售出库处理
开始下一批生产	材料出库：库存管理，录入材料出库单，审核； 存货核算：记账，生成凭证 支付加工费：工资系统进行相应工资类别的工资变动处理
更新应收款/应收款收现	更新应收款：设表头自定义项，跟踪应收款日期 应收款收现：应收模块，录入应收款，核销生成凭证
出售厂房	固定资产减少，入固定资产清理 应收模块录入其他应收单
向其他企业购买成品/出售成品	直接录采购入库单
按订单交货	查询现存量，查询订单，如可以交货，执行如下操作： 销售管理：根据销售订单生成销售发票，发票复核，查询发货单、销售出库单，审核销售出库单 应收款管理：销售发票审核，生成凭证
产品研发投资	总账：录入凭证
支付行政管理费	总账：录入凭证
其他现金收支情况登记	总账：直接在总账中填制凭证处理

(1) 季初现金盘点

操作：在 ERP-T6 总账系统中，选择"出纳"|"现金日记账"，进行现金日记账查询操作，

如图 4-56 所示。

说明：
➢ 在盘点完现金实物后，可以进行现金科目账的查询。通过现金期初余额查询或现金日记账查询都可以查到相关结果。

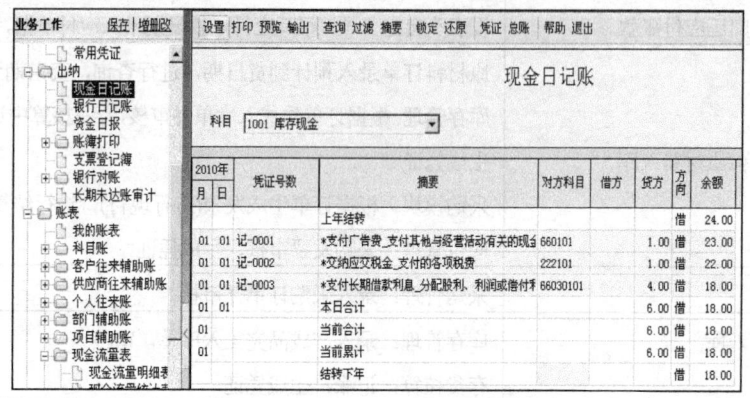

图 4-56　季初现金日记账的查询

(2) 申请短期贷款

操作：在 ERP-T6 总账系统中，选择"凭证"|"填制凭证"，填制记账凭证，具体操作如图 4-57 所示。

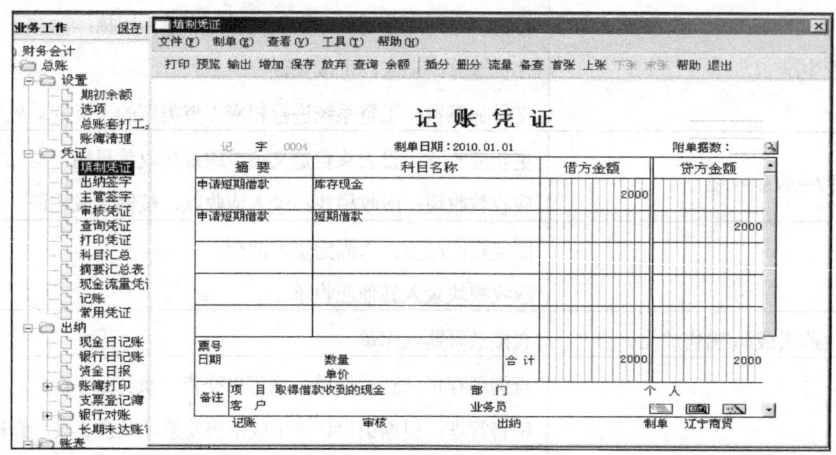

图 4-57　取得短期借款凭证处理

数据：申请短期贷款 20M。

说明：
➢ 申请长、短期贷款的操作界面相同，只是入账的科目不同。

(3) 更新应付款/归还应付款

操作：在应付款管理系统中，选择"付款单据处理"|"付款单据录入"，录入付款单金额

并保存，然后单击"核销"按钮，生成凭证。操作如图4-58所示。

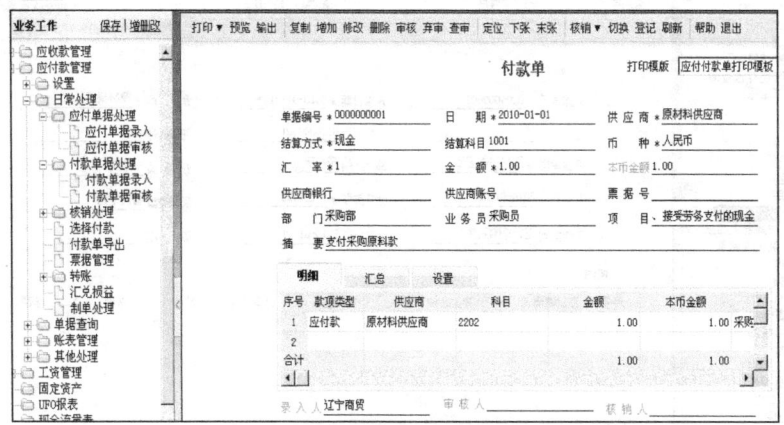

图4-58 支付应付款操作

说明：
➢ 本例中的采购直接支付现金，没有使用应付款功能，所以暂时没有具体的金额发生。

(4) 更新原料订单/原材料入库

① 更新原料订单。

操作： 在采购管理系统中，选择"采购订货"|"采购订单预警和报警表"，查询有关订单到期情况，如图4-59所示。

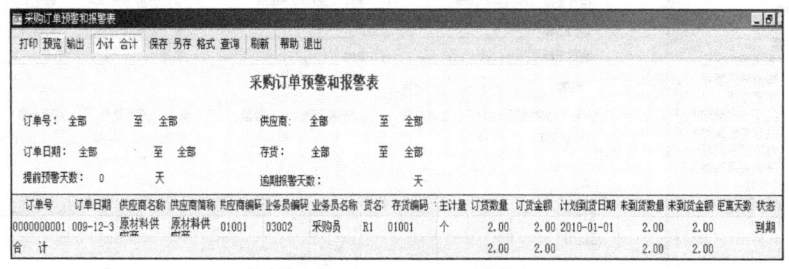

图4-59 采购订单预警和报警查询

② 原材料入库。

操作： 在采购管理系统中，选择"业务"|"到货"|"到货单"，单击"增加"，参照采购订单生成采购到货单，然后对生成的采购到货单进行保存。在库存管理系统中，选择"日常业务"|"入库"|"采购入库单"，单击"生单"，参照到货单生成采购入库单，然后对生成的采购入库单进行审核，如图4-60所示。

③ 根据采购入库单生成采购发票。

操作： 在采购管理系统中，选择"业务"|"发票"|"普通采购发票"，单击右键，选择"拷贝采购入库单"；采购方式选择"现付"结算；有关采购发票操作界面如图4-61所示。

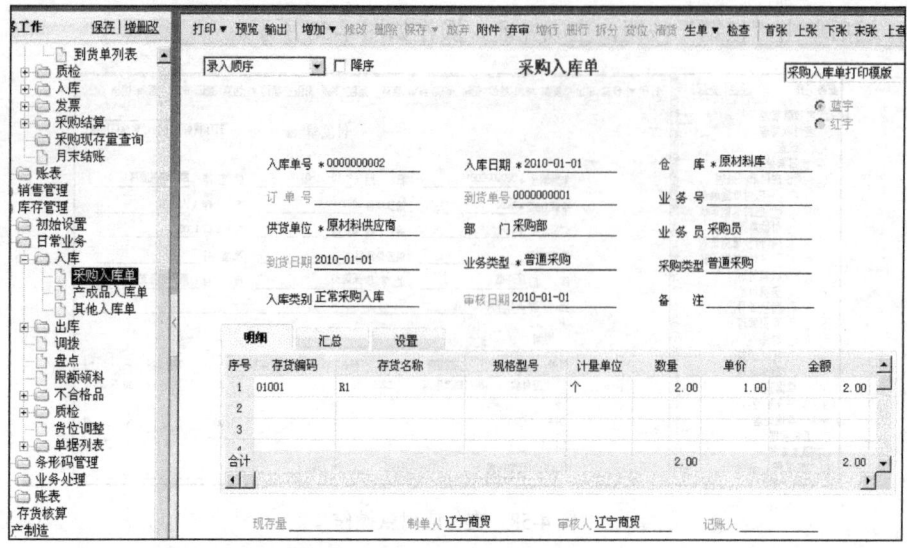

图 4-60　根据到货单生成采购入库单

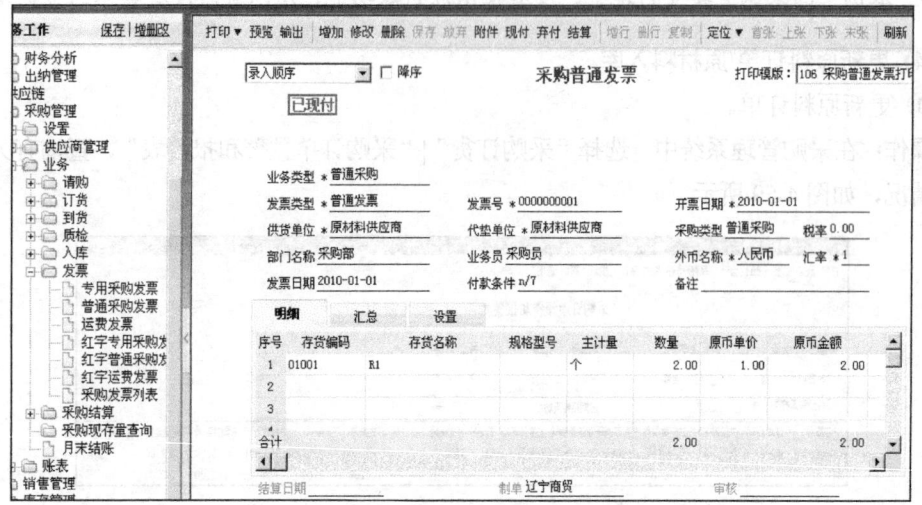

图 4-61　根据采购入库单生成现结采购发票

④ 在采购管理系统进行采购结算。

操作： 选择"业务"|"采购结算"|"自动结算"，结算完成后查询采购结算单，如图 4-62 所示。

⑤ 生成采购付款凭证。

操作： 在应付款管理系统中，选择"日常处理"|"应付单据处理"|"应付单据审核"，勾选"包括已现结的发票"选项，审核完毕后，选择"制单处理"|"现结制单"，选择要生成凭证的记录制单生成凭证。如图 4-63 和图 4-64 所示。

第4章 ERP-T6处理沙盘企业经营流程

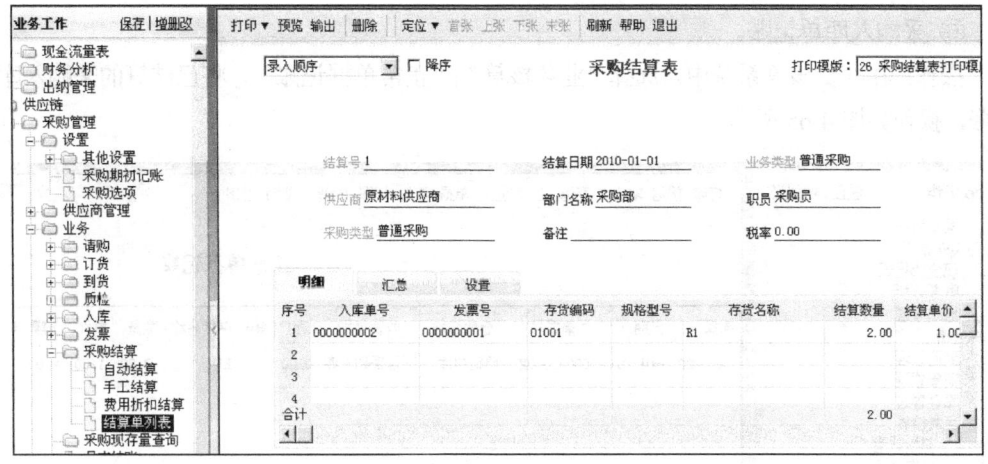

图 4-62 采购结算单查询

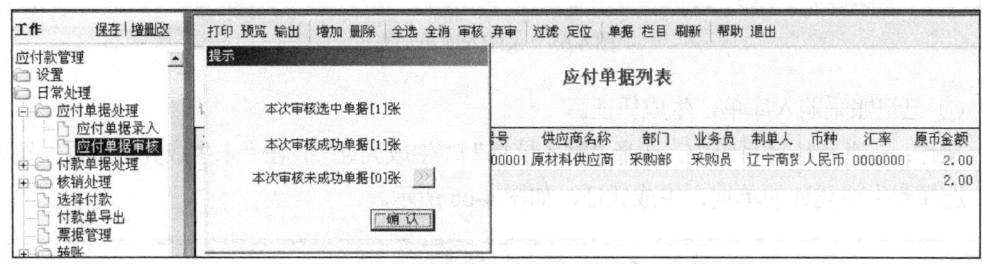

图 4-63 已结算采购发票审核

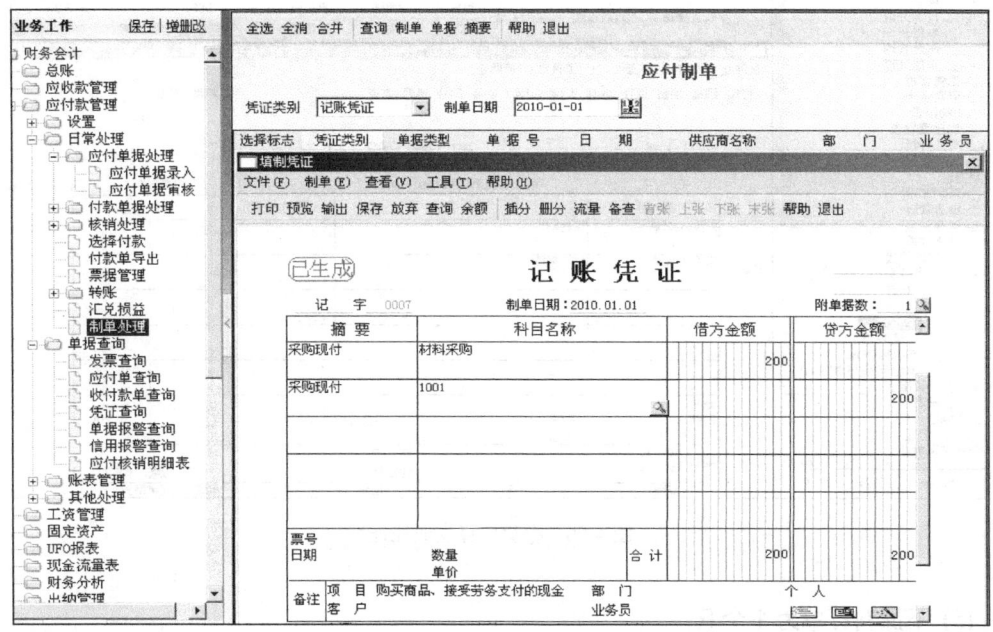

图 4-64 采购现结发票制单处理

⑥ 采购入库单记账。

操作：在存货核算系统中，选择"业务核算"|"正常单据记账"，将已结算的采购入库单记账，操作如图 4-65 所示。

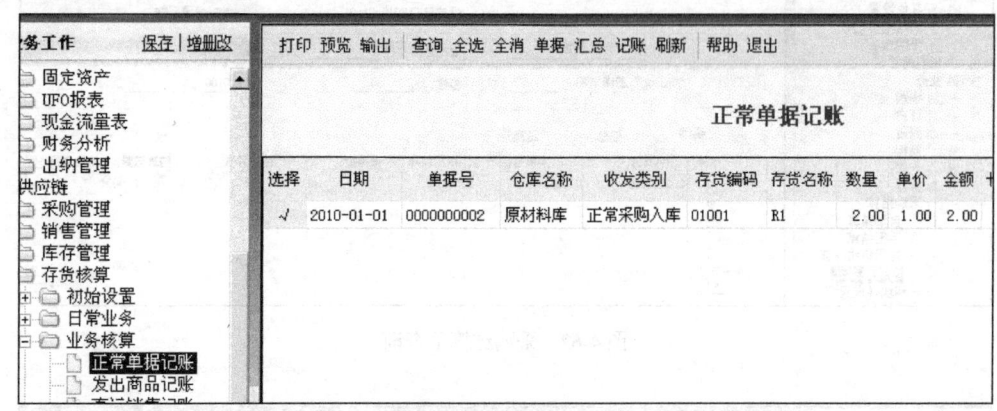

图 4-65 采购入库单记账

⑦ 已记账采购入库单，生成凭证。

操作：在存货核算系统中，选择"财务核算"|"生成凭证"，在"未生成凭证单据一览表"中，选择要生成凭证的单据，生成凭证，如图 4-66 所示。

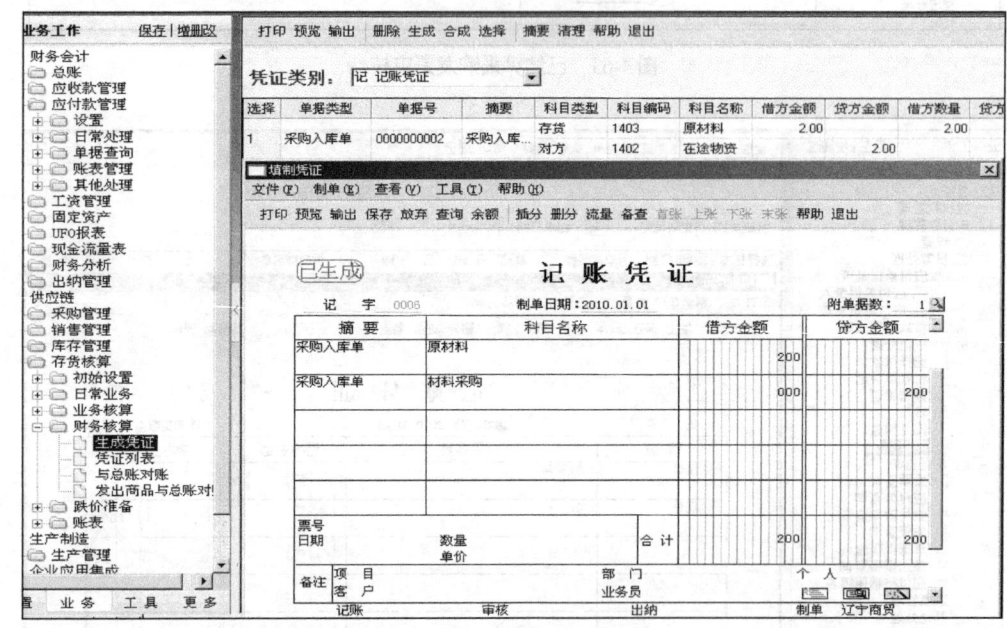

图 4-66 存货核算生成凭证

(5) 下原料订单为 1 个 R1

操作：在采购管理系统中，选择"业务"|"订货"|"采购订单"，操作略。

(6) 更新生产/完工入库 1 个 P1 产品

① 产成品入库单的录入及审核。

操作：在库存管理系统中，选择"入库"|"产成品入库单"，填制产成品完工入库单，并完成审核，如图 4-67 所示。

② 产成品入库单记账。

操作：在存货核算系统中，选择"业务核算"|"正常单据记账"。

③ 已记账的产成品入库生成凭证。

操作：在存货核算系统中，选择"财务核算"|"生成凭证"，将产成品入库单生成凭证，如图 4-68 所示。

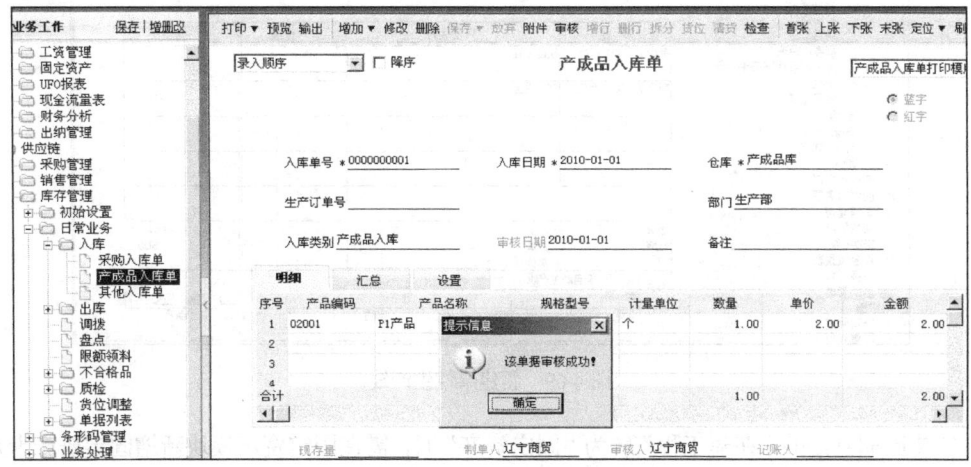

图 4-67 填制产成品完工入库单并审核

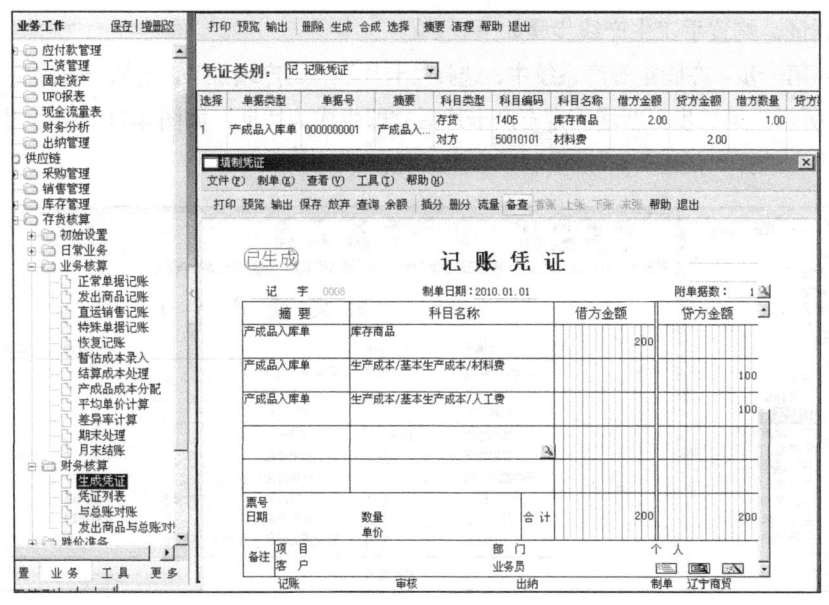

图 4-68 产成品完工入库单生成凭证

(7) 投资生产线/变卖生产线/生产线转产

① 投资新生产线。

对于有安装周期的固定资产新增，需要先作为"在建工程"入账，安装完成时再由"在建工程"转入"固定资产"。作为"在建工程"入账时只需在总账中录入凭证。第一季度新建一条柔性生产线的有关操作如图4-69所示。

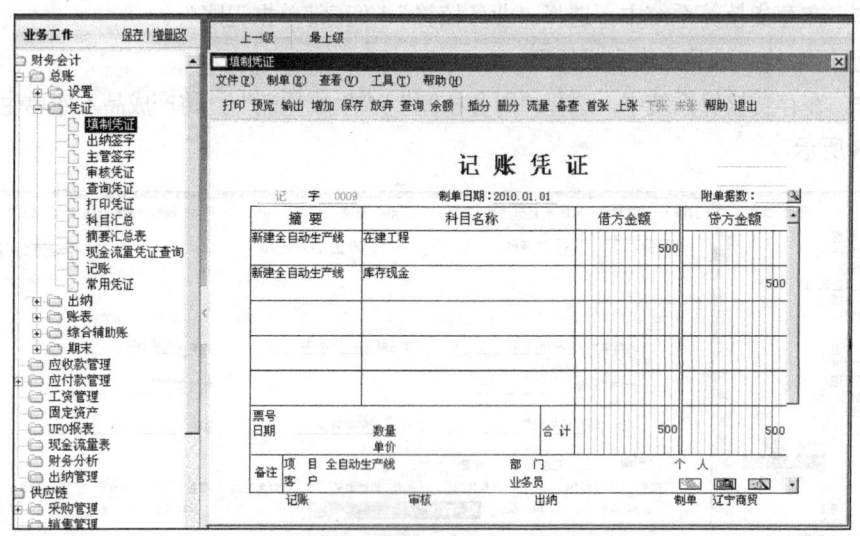

图4-69 新建柔性生产线

安装周期到期的"在建工程"转为"固定资产"时，需在固定资产模块新增固定资产卡片，之后再生成凭证，"固定资产"的对方科目为"在建工程"，操作同无安装周期的固定资产投资。

对于无安装周期的固定资产投资，只需要在固定资产模块新增固定资产卡片，之后再生成固定资产凭证。购置手工生产线步骤如下。

操作：第一步：在固定资产系统中，选择"卡片"|"资产增加"，增加一张固定资产卡片，如图4-70所示。第二步：新增固定资产卡片后立即生成为凭证，如图4-71所示。也可在固定资产系统中，选择"处理"|"批量制单"生成凭证。

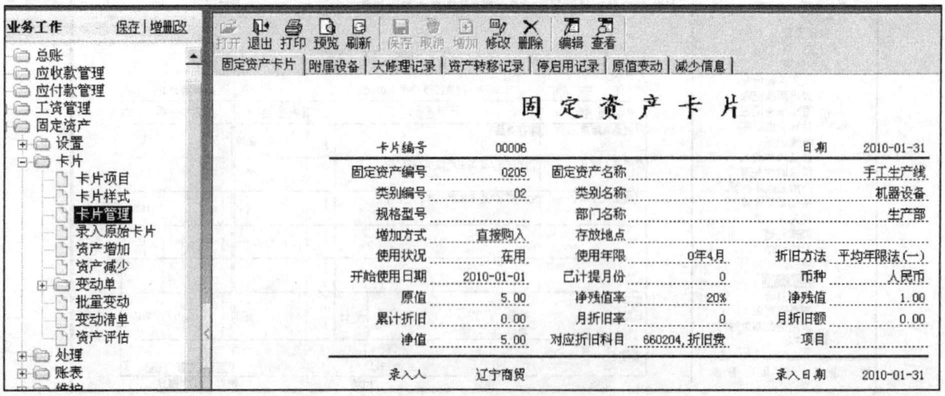

图4-70 新增手工生产线固定资产卡片

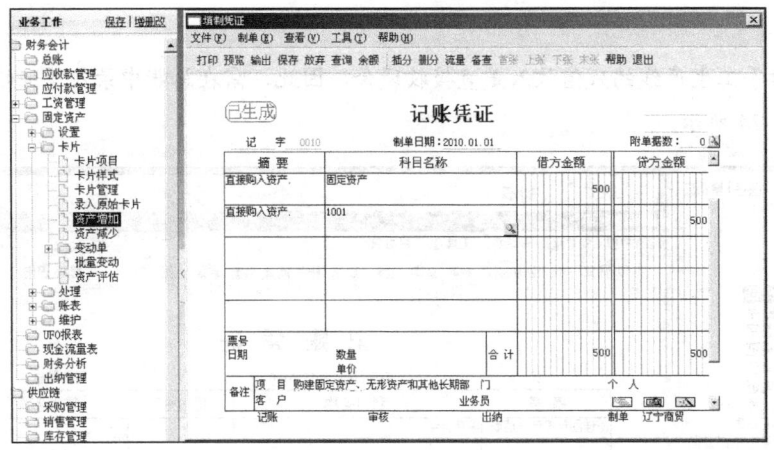

图 4-71 新增手工生产线制单

② 变卖生产线。

操作： 变卖生产线业务需要在固定资产模块做"固定资产减少"处理。在固定资产系统中，选择"卡片"|"资产减少"。出售第 3 号手工生产线，如图 4-72 和图 4-73 所示。

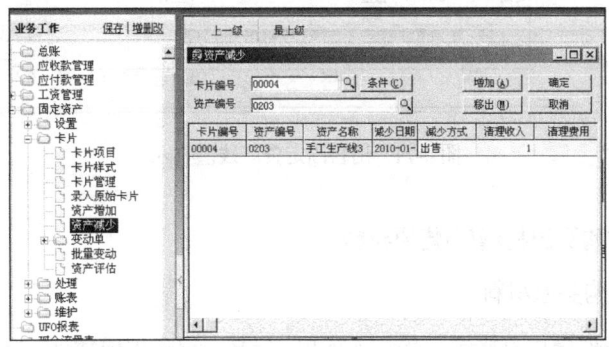

图 4-72 出售固定资产

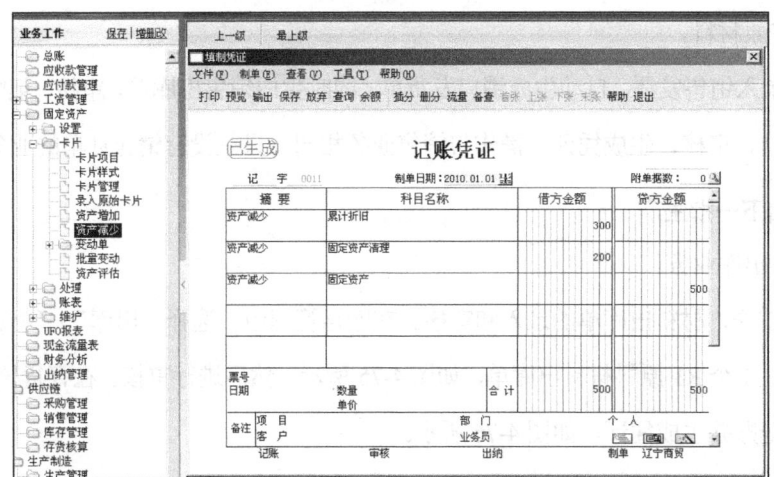

图 4-73 出售固定资产生成的凭证

说明：

> 变卖手工生产线的残值收入是直接收现金，因此，需在总账中录入凭证处理业务，如图 4-74 所示。

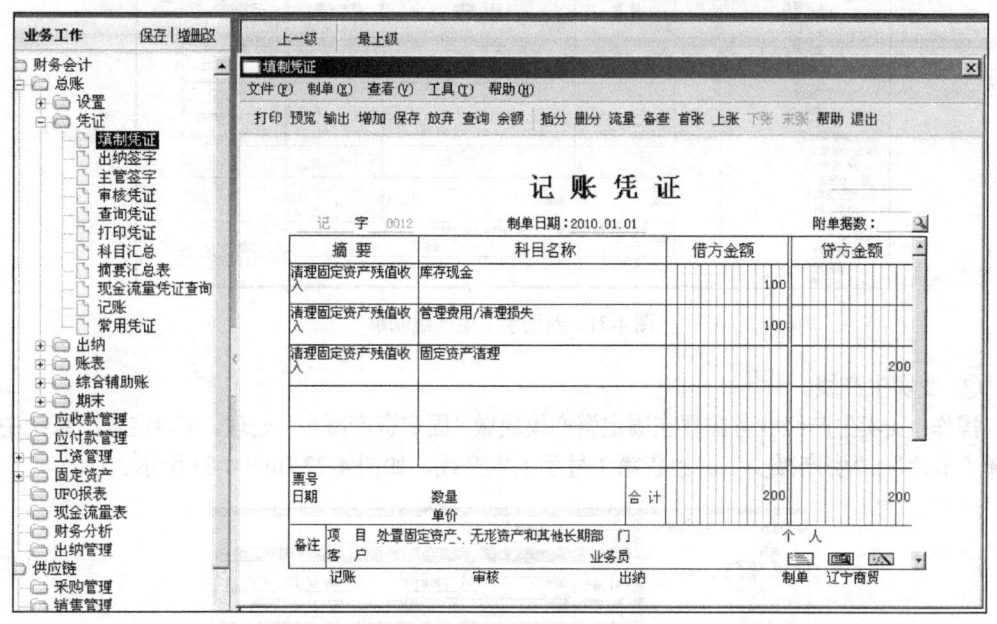

图 4-74 出售固定资产残值收入

(8) 向其他企业购买原材料/出售原材料

① 向其他企业购买原材料。

操作：在库存管理模块直接录入采购入库单，审核、记账生成凭证，操作与采购业务相同，只是缺省了采购订单的业务处理。

② 出售原材料。

操作：录入销售发票，自动生成销售发货单，同时生成销售出库单，审核、记账生成凭证，销售发票现结、审核、生成凭证。操作与销售业务相同，只是没有销售订单的业务处理。

(9) 开始下一批生产

① 材料出库业务。

操作：首先，材料出库单的录入和审核。在库存管理中，选择"出库"|"材料出库单"，新增一张领用 1 个 R1 原料材料出库单，如图 4-75 所示，然后进行审核。在存货核算系统进行材料出库单记账并生成凭证，如图 4-76 所示。

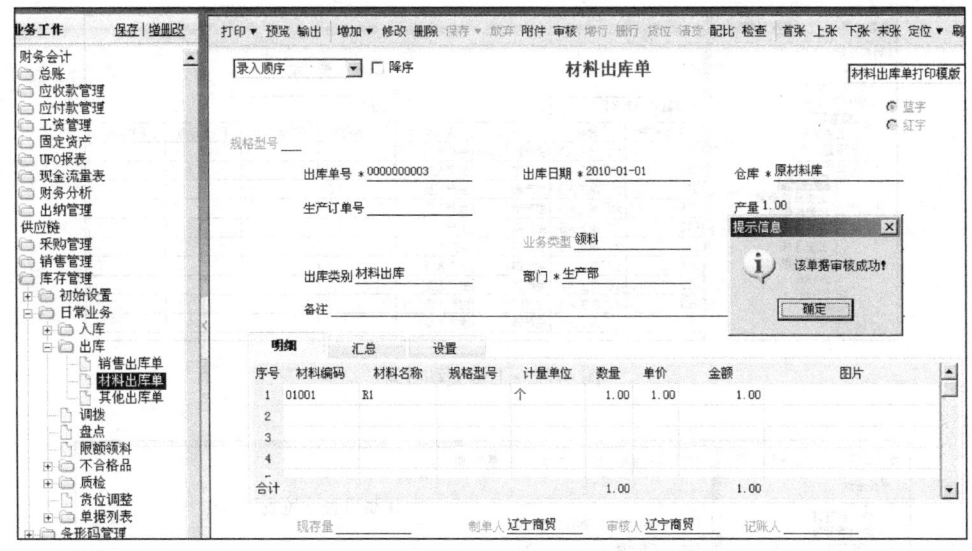

图 4-75 材料出库单

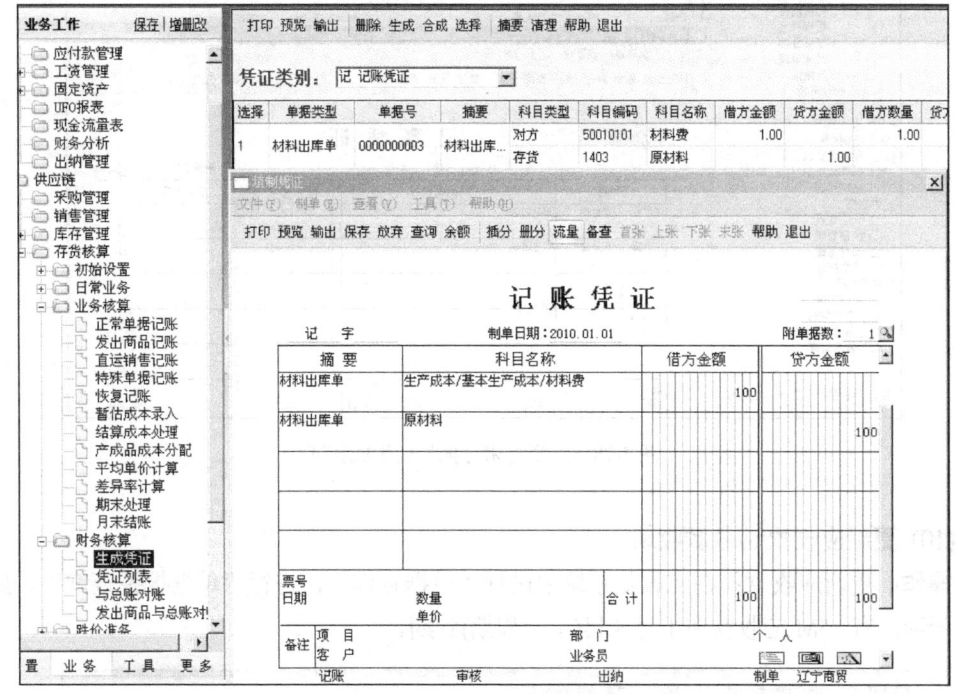

图 4-76 生产 1 个 P1 产品消耗 1 个 R1 原料凭证处理

② 支付加工费。

在工资系统中打开第一期工资类别，执行"业务处理"|"工资变动"中录入 3 号手工线 P1 产品加工费 1M，如图 4-77 所示。期末工资分摊处理后生成凭证，如图 4-78 所示。

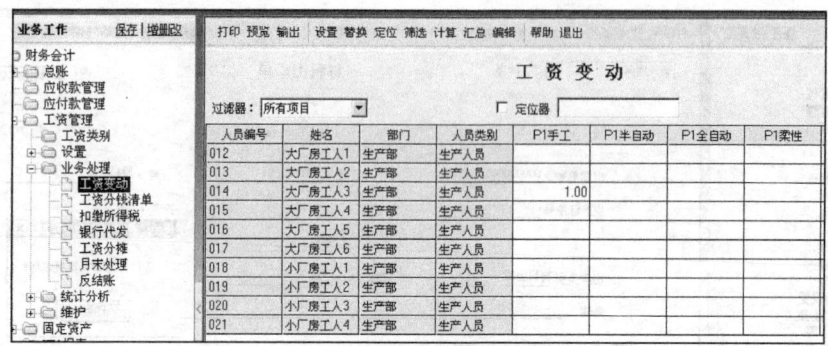

图 4-77 工资变动处理

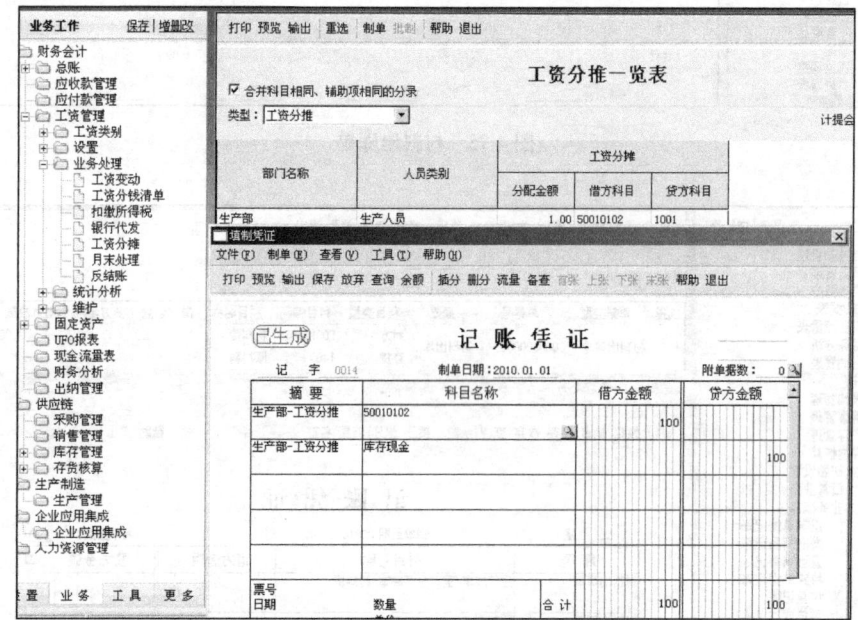

图 4-78 工资月末分摊处理生成凭证

(10) 更新应收款/应收款收现

操作：更新应收款：在应收款系统中进行"单据查询"，进行"单据报警查询"，如图 4-79 所示，有 15M 应收款在 1 月 8 日(下一周期)到期。

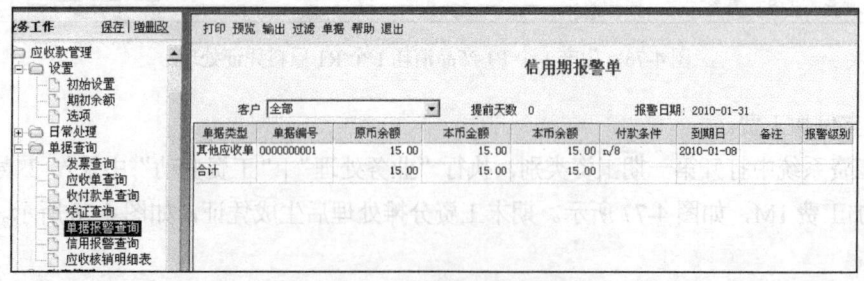

图 4-79 应收款单据报警查询

应收款收现：需在应收款系统中录入收款单，并核销生成凭证。

操作：在应收款管理系统中，选择"收款单据处理"|"收款单据录入"。增加一张收款单，审核并生成凭证，然后核销应收款(下一周期具体操作)。

(11) 出售厂房

出售厂房需要在软件中做厂房的资产减少，操作与变卖生产线相同，如图 4-80 所示。

操作：出售厂房所获得的是一个月(ERP 沙盘中的 4 期)的应收账款，需要在应收款管理模块中进行其他应收单的填制和审核、制单处理，如图 4-81 和图 4-82 所示。在应收款管理系统中，选择"日常处理"|"应收单据处理"|"应收单据录入"|"其他应收单"。

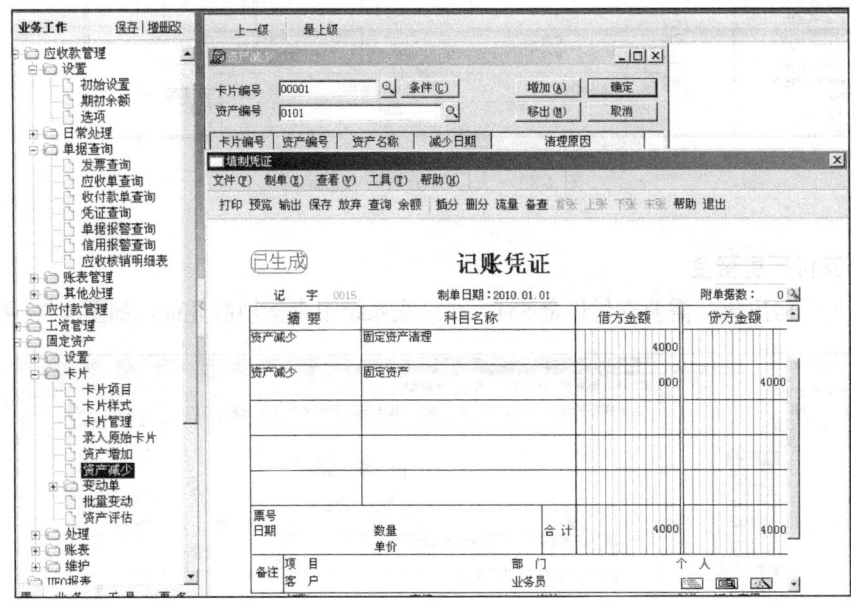

图 4-80 大厂房固定资产减少卡片处理及制单

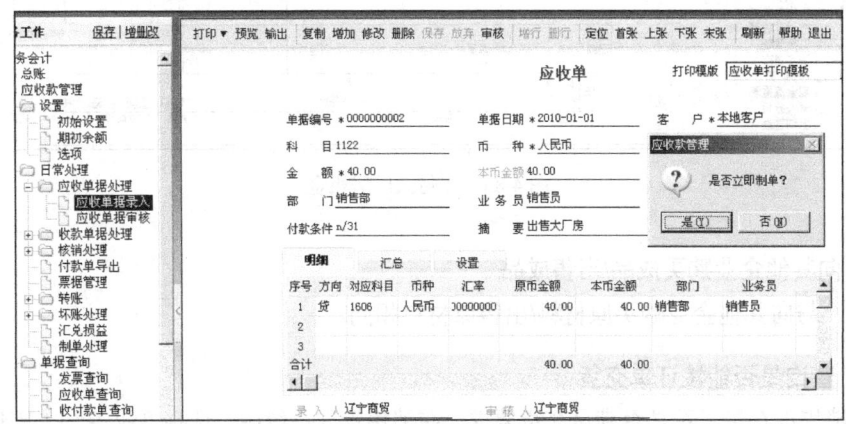

图 4-81 大厂房出售应收款的处理

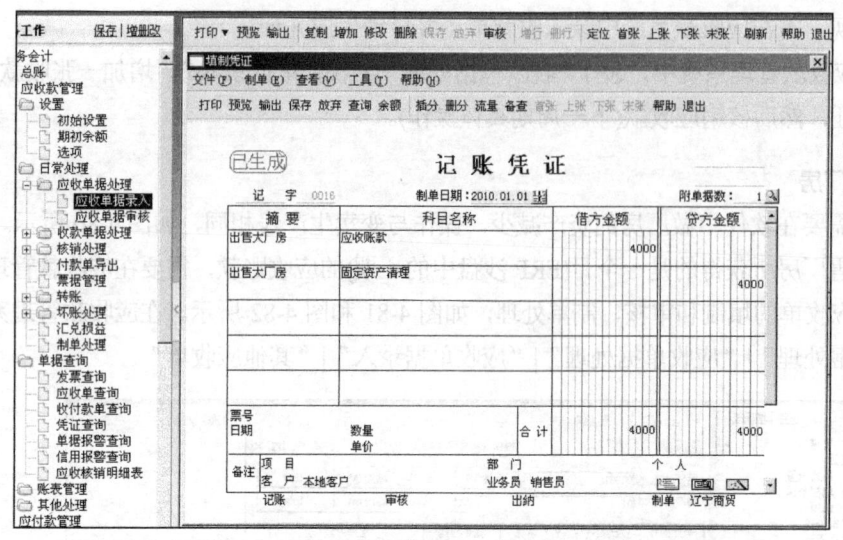

图 4-82　大厂房出售应收款制单

(12) 支付厂房租金

由于大厂房出售，需要支付租金 5M，在总账系统中直接填制凭证，如图 4-83 所示。

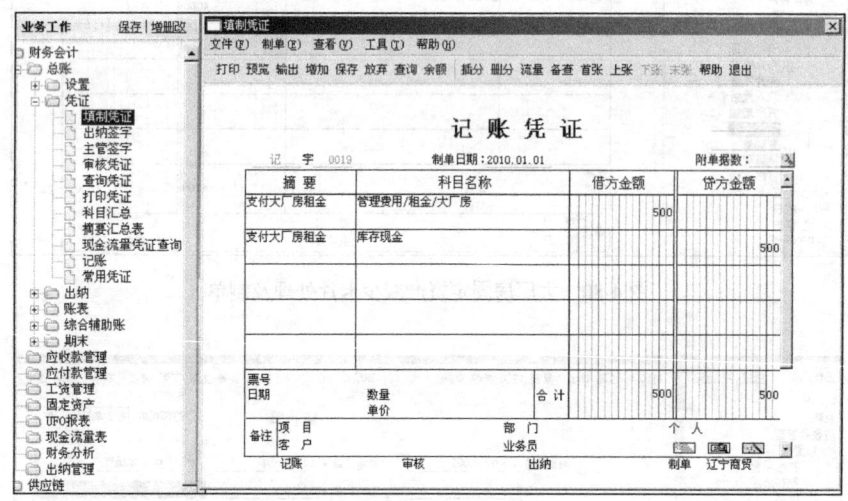

图 4-83　支付大厂房租金

(13) 向其他企业购买成品/出售成品

操作： 与向其他企业购买原材料/出售原材料相同。

(14) 查询是否能按订单交货

查询销售现存量，看是否满足交货要求。在销售管理系统中，选择"业务"|"销售现存量查询"，如图 4-84 所示，P1 产品库存不足以交货(应交货 6 个 P1 产品)，继续生产以后再交。

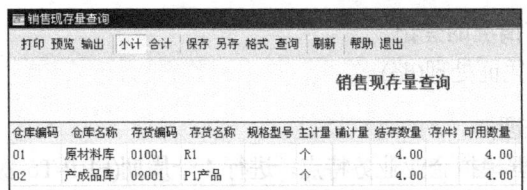

图 4-84 查询销售现存量

(15) 第一年进行 P2 产品研发

研发 P2，每期支付 1M，在总账中录入凭证，如图 4-85 所示。

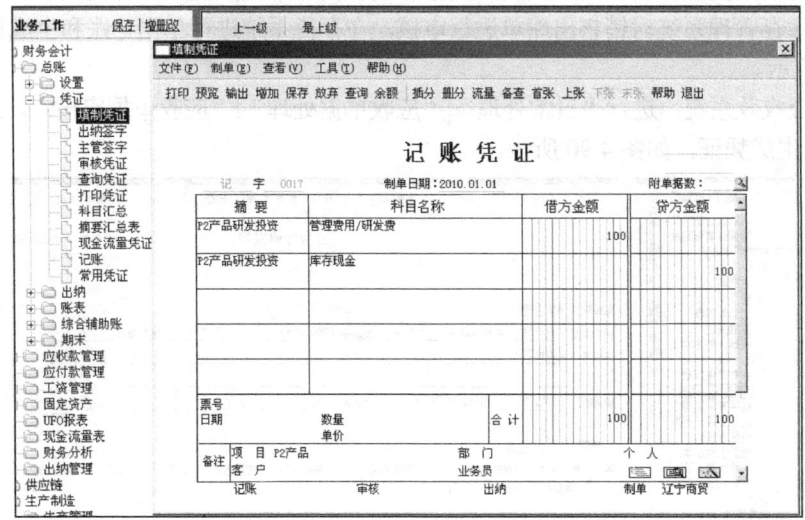

图 4-85 支付 P2 产品研发费用

(16) 支付行政管理费

每期支付 1M 行政管理费，在总账中直接录入凭证，如图 4-86 所示。

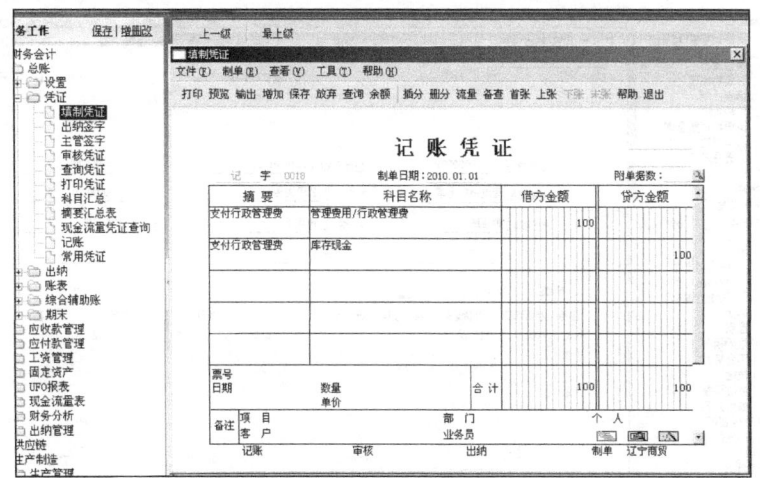

图 4-86 支付行政管理费

(17) 其他现金收支情况的登记

直接在总账中通过凭证处理(略)。

(18) 各周期业务处理

依据上述流程,根据模拟企业业务特点,进行4个周期(ERP-T6软件中的一个月,分别用1号、8号、15号、22号对应4个周期)的业务处理,各期的重复操作省略。

(19) 按订单交货处理

① 第二期能够按订单交货(在会计月份中用8号表示),在销售管理系统,根据销售订单生成销售普通发票,如图4-87所示。

② 销售发票复核,自动生成销售发货单和销售出库单,如图4-88所示。

③ 在库存管理系统对销售出库单进行审核,在存货系统进行单据记账和生成凭证操作,如图4-89所示。

④ 在应收款系统,进行"日常处理"|"应收单据处理"|"应收单据审核",进行审核、制单处理后生成凭证,如图4-90所示。

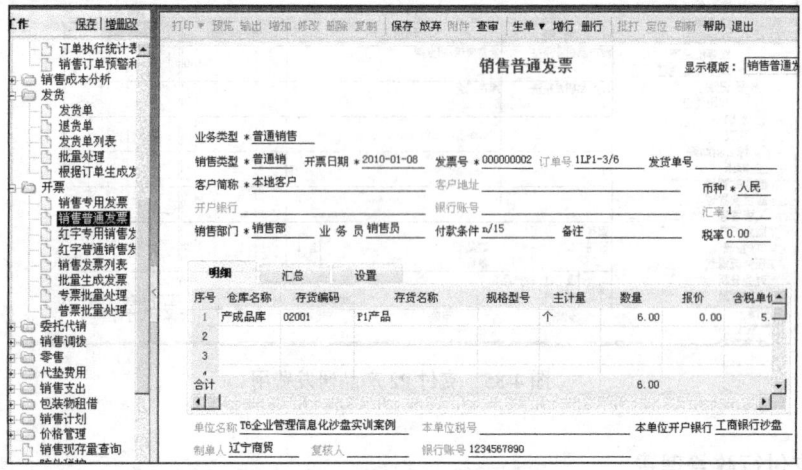

图4-87 根据销售订单生成销售发票

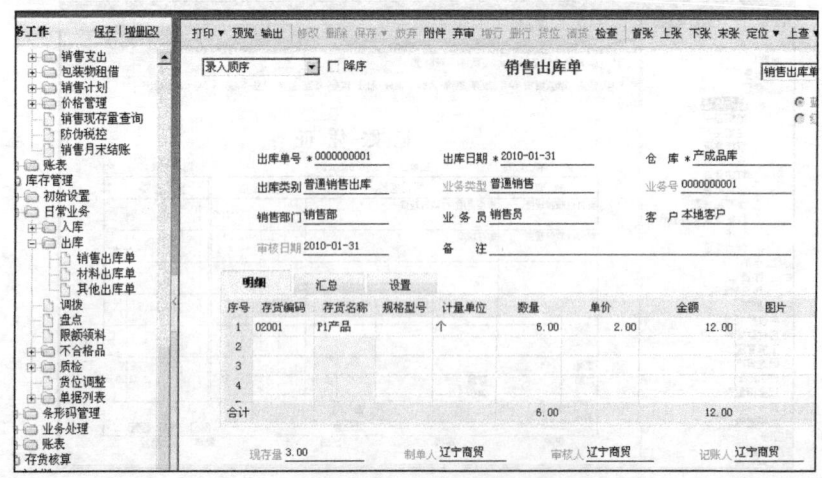

图4-88 根据销售发票复核生成销售发货单

第4章 ERP-T6处理沙盘企业经营流程

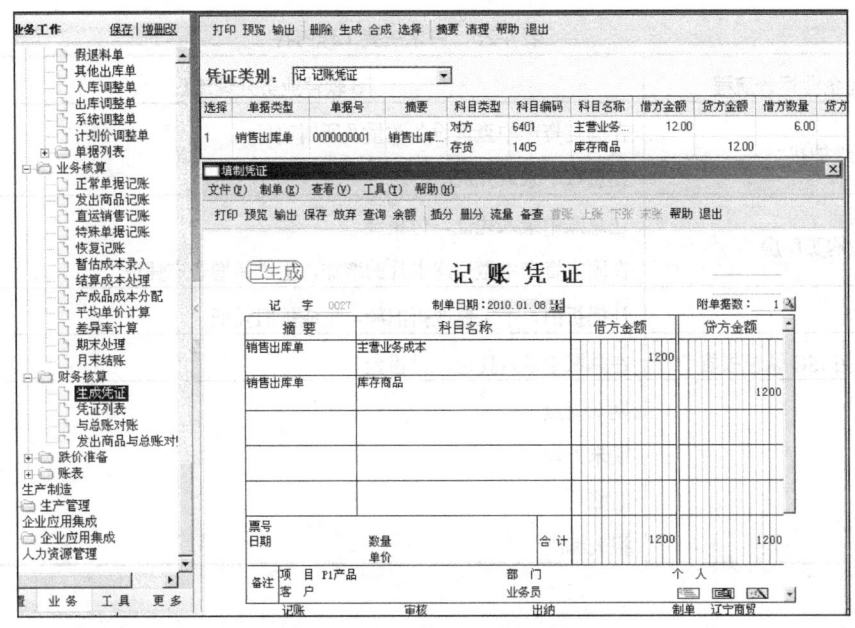

图 4-89 根据销售出库单结转销售成本凭证处理

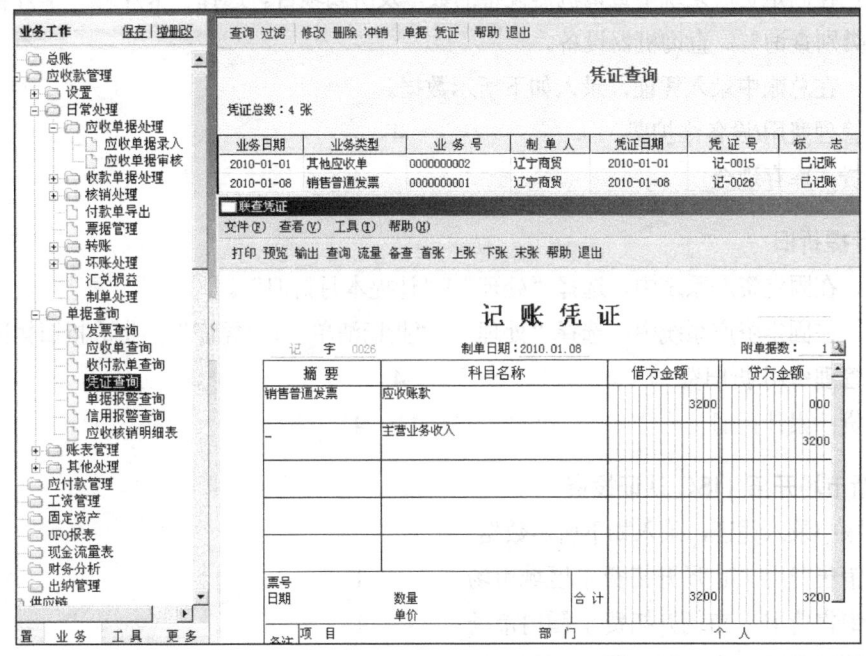

图 4-90 根据复核的发票生成确认销售收入的凭证处理

3. 月末处理

月末处理的主要工作内容如表 4-25 所示。

-101-

表 4-25　月末主要工作内容

沙盘企业运营流程	T6 软件业务处理流程
支付设备维护费	在固定资产中查询设备数量及所属项目 在总账中录入凭证
支付租金/购买厂房	在总账中录入凭证，付租金 在固定资产中做厂房卡片的增加，生成新增资产凭证
计提折旧	计提折旧，手工修改折旧额，生成折旧凭证
新市场开拓/ISO 认证投资	在总账中录入凭证，付租金
结账	期末盘点 期末处理 结账 报表编制

(1) 支付设备维护费

首先，在固定资产系统中查询机器设备的数量及所属项目。选择"卡片"|"卡片管理"，选择"按类别查询"，查询机器设备。

然后，在总账中录入凭证，录入如下所示数据。

　　借：管理费用/设备维护费　　　　　　4
　　　　贷：库存现金　　　　　　　　　　　　　　4

(2) 计提折旧

首先，在固定资产系统中，选择"处理"|"计提本月折旧"。

然后，在固定资产系统中，选择"处理"|"折旧清单"|"凭证"，生成折旧凭证。

　　借：管理费用/折旧费　　　　　　　　4
　　　　贷：累计折旧　　　　　　　　　　　　　　4

(3) 新市场开拓 | ISO 认证投资

在总账中录入凭证，录入如下所示数据。

　　借：销售费用 | 市场开拓费 | 区域市场　　　1
　　　　销售费用 | 市场开拓费 | 国内市场　　　1
　　　　销售费用 | 市场开拓费 | 亚洲市场　　　1
　　　　销售费用 | 市场开拓费 | 国际市场　　　1
　　　　管理费用 | ISO 认证费 | ISO9000　　　　1
　　　　管理费用 | ISO 认证费 | ISO14000　　　2
　　　　贷：库存现金　　　　　　　　　　　　　　7

(4) 结账

结账包括以下几项业务处理。

① 期末盘点。期末盘点不仅仅指现金盘点，还包括原料、产成品、在制品的盘点，盘点目的是为了确保账实相符。

- 原材料盘点：在库存管理系统中，选择"盘点业务"，增加一张盘点单，选择需盘点的仓库"原料库"，单击"盘库"，可以看到目前原材料账面数量，检查与实际是含相符。
- 产成品盘点：与原材料盘点相同。
- 在制品盘点：在制品在账上体现为材料费和人工费，因此要想查询在制品的情况应查询材料费和人工费余额，这两个科目都已经设置了项目辅助核算，所以可以进行分产品查询。在总账系统中，选择"账表"|"项目辅助账"|"项目总账"。
- 现金盘点：与期初现金盘点操作相同。

② 期末处理。

A. 存货核算期末处理。

当本月的日常业务全部完成后，企业需要进行期末处理，期末处理主要是为了实现以下功能。

- 计算按全月平均方式核算的存货的全月平均单价及本会计月出库成本。
- 计算按计划价/售价方式核算的存货的差异率/差价率及其本会计月的分摊差异/差价。
- 对已完成日常业务的仓库/部门/存货做处理标志。

在存货核算系统中，选择"业务核算"|"期末处理"。

B. 总账期末处理。

总账期末处理需要关注以下 3 个问题。

- 确认公司是否需要交所得税，如果需要在总账中录入凭证。分录。

  借：所得税费用

  　　贷：应交税金/应交所得税

- 总账中进行凭证审核及记账处理。
- 进行期间损益结转。

在总账系统，选择"期末"|"转账生成"|"期间损益结转"，所有损益科目全选，而且包含未记账凭证，最后生成期间损益结转凭证如图 4-91 所示。

③ 期末结账。在完成当月的日常业务及期末业务处理之后，应进行结账操作。结账时应注意各系统结账的先后顺序。

- 业务：先结采购管理系统、销售管理系统；再结库存管理系统、存货核算系统。
- 财务：先结固定资产系统、应收、应付系统，最后总账系统结账。

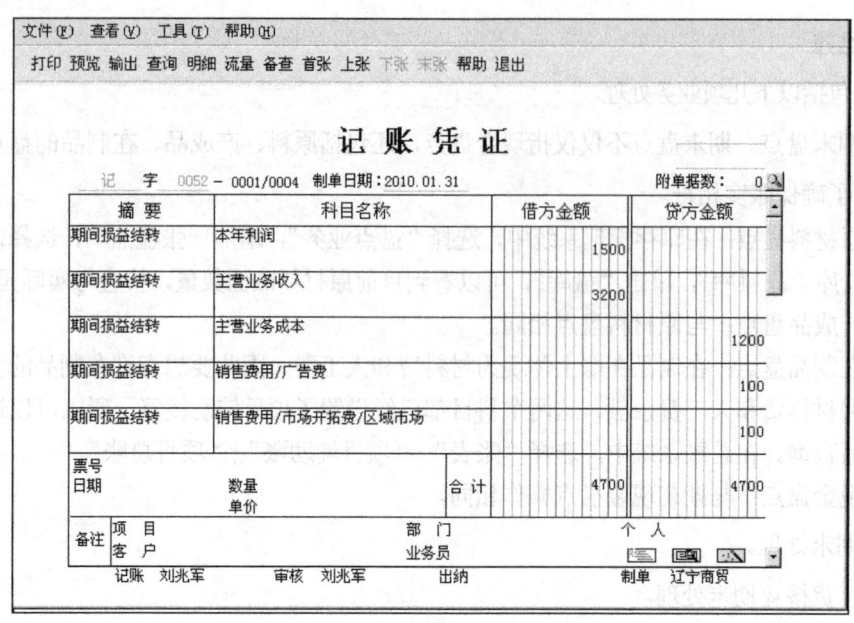

图 4-91 期间损益结转凭证

④ 报表编制。利用报表模板生成报表。

对于利润表和资产负债表这些国家规定上报的财务报表，系统中按行业提供了报表模板，利用系统提供的报表模板可以快速、准确地生成。

操作：在 UFO 报表系统中，新建一张报表，在格式设计状态下，选择"格式"|"报表模板"，调出行业所属的报表模板，在此基础上做简单修改和调整即可。在数据状态下输入关键字生成报表。

最后模拟企业生成的会计报表与 ERP 沙盘系统生成的报表对比，如图 4-92~图 4-97 所示。

综合费用表		
单位名称：T6企业管理信息化沙盘实训案例 2010年 1月 单位：百万元		
费用项目	行次	金额
管理费	1	4.00
广告费	2	1.00
维护费	3	4.00
租金	4	5.00
转产费	5	
市场准入开拓费	6	4.00
ISO资格认证	7	3.00
产品研发	8	4.00
其他	9	1.00
合计	10	26.00

图 4-92 UFO 报表系统生成综合费用表

综合费用表	利润表	资产负债表
项目名称		金额
管理费		4
广告费		1
维修费		4
租金		5
转产费		
市场准入开拓		4
ISO资格认证		3
产品研发		4
其他		2
合计		27

图 4-93 ERP 沙盘的综合费用表

利润表

会企02表

单位名称：T6企业管理信息化沙盘实训案例　2010 年1 月　　单位：元

项　　目	本期金额	上期金额
一、营业收入	32.00	
减：营业成本	12.00	
营业税金及附加		
销售费用	5.00	
管理费用	26.00	
财务费用	4.00	
资产减值损失		
加：公允价值变动收益（损失以"-"填列）		
投资收益（损失以"-"填列）		
其中：对联营企业和合营企业的投资收益		
二、营业利润（亏损以"-"号填列）	-15.00	
加：营业外收入		
减：营业外支出		
其中：非流动资产处置损失		
三、利润总额（亏损总额以"-"号填列）	-15.00	
减：所得税费用		
四、净利润（净亏损以"-"号填列）	-15.00	
五、每股收益：		
（一）基本每股收益		
（二）稀释每股收益		

图 4-94　UFO 报表系统生成的利润表

综合费用表 | 利润表 | 资产负债表

项目名称	上年数	本年数
销售收入		32
直接成本		12
毛利		20
综合费用		27
折旧前利润		-7
折旧		4
支付利息前利润		-11
财务支出(+)/收入(-)		4
其他收入(+)/支出(-)		
税前利润		-15
所得税		
净利润		-15

图 4-95　ERP 沙盘的利润表

资产负债表

会企01表

单位名称：T6企业管理信息化沙盘实训案例　2010 年　1 月 31 日　　单位：元

资　　产	期末余额	年初余额	者权益（或	期末余额	年初余额
流动资产：			流动负债：		
货币资金	46.00	24.00	短期借款	40.00	
交易性金融资产			交易性金融负		
应收票据			应付票据		
应收账款	40.00	15.00	应付账款		
预付款项			预收款项		
应收利息			应付职工薪酬		
应收股利			应交税费		1.00
其他应收款			应付利息		
存货	16.00	17.00	应付股利		
一年内到期的非			其他应付款		
其他流动资产			一年内到期的		
流动资产合计	102.00	55.00	其他流动负债		
非流动资产：			流动负债合计	40.00	1.00
可供出售金融资			非流动负债：		
持有至到期投资			长期借款	40.00	40.00
长期应收款			应付债券		
长期股权投资			长期应付款		
投资性房地产			专项应付款		
固定资产	11.00	53.00	预计负债		
在建工程	20.00		递延所得税负债		
工程物资			其他非流动负		
固定资产清理			非流动负债合计	40.00	40.00
生产性生物资产			负债合计	80.00	41.00
油气资产			所有者权益（或		
无形资产			实收资本（或	54.00	54.00
开发支出			资本公积		
商誉			减：库存股		
长期待摊费用			盈余公积		
递延所得税资产			未分配利润	-1.00	14.00
其他非流动资产			所有者权益（	53.00	68.00
非流动资产合计	31.00	53.00			
资产总计	133.00	109.00	负债和所有者权	133.00	109.00

图 4-96　UFO 报表系统生成的资产负债表

综合费用表 | 利润表 | 资产负债表

资产	期初数	期末数	负债和所有者权益	期初数	期末数
流动资产：			负债：		
现金	24	46	长期借款	40	40
应收款	15	40	短期借款	0	40
在制品	8	8	应付账款	0	
成品	6	6	应交税费	1	
原料	3	2	一年到期长债	0	
流动资产合计	56	102	负债合计	41	80
固定资产：			所有者权益：		
土地和建筑	40		股东资本	54	54
机器与设备	13	11	利润留存	11	14
在建工程	0	20	年度净利	3	-15
固定资产合计	53	31	所有者权益合计	68	53
资产合计	109	133	负债和权益合计	109	133

图 4-97　ERP 沙盘的负资产负债表

本章小结

ERP 沙盘模拟是针对一个模拟企业，建立对企业经营管理的基本概念，对模拟企业的业务类型、业务模式进行熟悉和了解。但是，它和真实企业是有差别的。本章是在现实的 ERP 系统中，将沙盘的业务完整地进行再现，让我们直观、感性地理解 ERP 软件的功能作用和基本操作。

在本章中，按照会计核算与企业管理的基本要求，与 ERP 沙盘模拟的手工操作方式形成对比，可以切实地感受手工处理和计算机处理之间在岗位设置、业务流程、工作效率方面的差异，深刻理解信息化的必要性和优越性。一般而言，企业应用 ERP 软件包括企业建账、期初业务处理、日常业务处理、期末处理、报表编制及财务分析等阶段，涉及到企业的人、财、物、产、供、销所有环节。由于篇幅有限，本章对模拟企业的信息化过程只是进行了简明的介绍。

第5章 ERP-T6操作全流程体验

内容提要

ERP作为现代企业的核心信息系统,将企业资源看作一个整体来进行信息分析和处理。在信息系统的形式下,企业资源包括产品、原料、设备、能源、订单、劳动力等要素,表现为企业各个部分的基础数据、业务处理过程、人力资源信息、内部控制制度以及各种辅助信息,其目标是建立一种供企业的决策层、业务层、操作层使用的数据,使其能够高度集成和共享信息管理方式,即数字化管理模式。因此,ERP的学习必须考虑到这种系统的集成性和业务的连贯性。

本章通过一套简化的业务贯通教学案例,为学生提供一个学习ERP的入门环境,以熟悉软件为根本,体验ERP的基本操作和设计,使学生系统地理解ERP所代表的先进管理理念,熟悉ERP系统的全部流程。

本章重点

- 理解ERP-T6全流程的基本框架。
- 掌握ERP-T6的基础数据设置。
- 理解和学会ERP-T6的业务全流程。
- 了解ERP-T6软件操作过程中的有关注意事项。

5.1 ERP-T6全流程框架

本章模拟电脑组装企业的一套流程账套。该企业决定采用用友ERP-T6软件系统,需要实时上线,并对当月的业务进行处理。ERP-T6的全流程体验主要包括3大部分:基础档案设置、初始设置和业务处理。

1. 基础档案设置的内容

基础档案设置包括建立新账套、增加操作员和设置相应权限,然后依次设置各个子系统的基础数据,如图5-1所示。

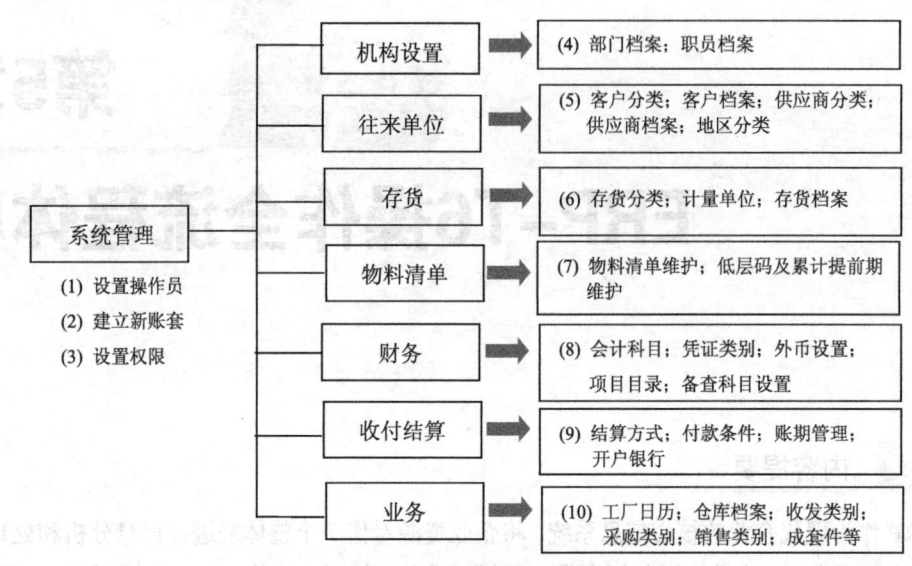

图 5-1 基础档案设置的内容

2. 初始设置的内容

初始设置包括选项设置、科目设置(包括存货科目、应收账款科目、应付账款科目)、期初余额录入(包括总账科目、库存、存货、应收、应付等期初余额以及委外期初材料出库单、采购期初采购发票)3 个部分。

3. 业务处理流程的内容

一般而言，企业的业务流程最先从销售部门开始。销售部接到销售订单，审核销售订单以后，首先查询仓库中是否有货可发，如果有就进行发货；如果没有，则转到计划部门，由计划部门测算完成这张销售订单还需要采购什么物料、采购多少、什么时候采购、要求供应商什么时候到货、还需要生产什么、什么时候生产、生产多少、是否需要委外加工、委外加工什么、委外加工多少、什么时候委外等。当采购、委外、生产都执行完成以后，产成品入库，可以根据销售订单执行发货。销售发货之后，需要向客户进行收款业务处理。另外，采购的付款业务、委外加工费用的付款业务也需要进行业务处理。财务要核算应收款、应付款、存货成本等业务信息，处理日常财务业务，如费用报销、个人借款、固定资产购入、固定资产折旧、薪资发放等工作，最后形成财务报表(资产负债表、利润表等)。

图 5-2 揭示了上述业务所涉及的功能模块和它们之间的相互关系的体系。

第 5 章 ERP-T6 操作全流程体验

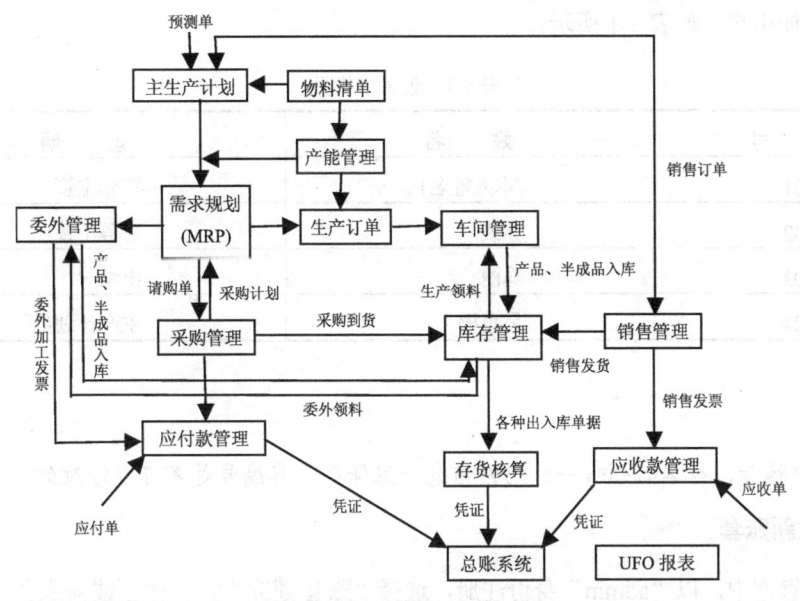

图 5-2　ERP 全流程体验框架图

下面将简要介绍 ERP 流程，图 5-3 给出了 ERP 流程包括的主要业务。

(1) 承接销售订单
(2) 执行 MRP 处理
(3) 材料采购：采购订货，采购到货，采购入库，结算存货采购入库成本
(4) 委外业务：委外订单，委外发货，委外到货，委外入库，委外结算
(5) 生产订单：订单生成，订单下达，生产领料，完工入库，生产状况统计
(6) 销售发货：销售发货单，产品出库，销售开票
(7) 存货核算：产品成本分配，单据记账，制单生成记账凭证

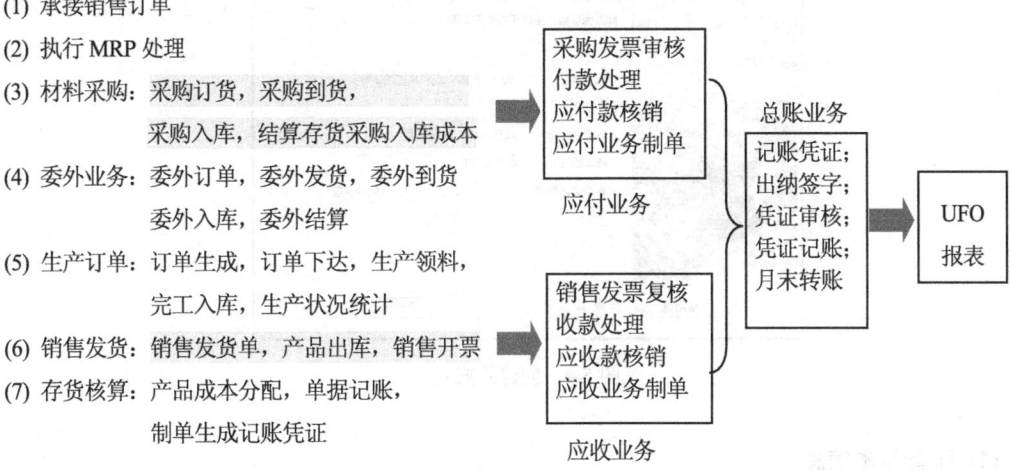

图 5-3　ERP 全流程体验的主要业务

5.2　ERP-T6 基础数据设置

1. 设置操作员

选择"开始"菜单的"用友 T6 系列管理软件"|"系统服务|系统管理"，操作员录入"admin"，密码为空，账套选择"default"登录系统。在"系统管理"窗口选择"权限"|"用户"，设置

操作员，增加用户，如表 5-1 所示。

表 5-1 设置操作员

编　号	姓　名	说　明
01	(本人姓名)	账套主管
02	苏凯	财务主管
03	马丽	出纳
04	晏思桐	生产计划员

说明：
➢ 用户编号、姓名必须唯一；用户信息一旦保存，其编号是不可以修改的。

2. 建立新账套

在系统管理中，以"admin"身份注册，选择"账套|建立"，开始创建新账套。只有系统管理员才有权限创建新账套，如图 5-4 所示。

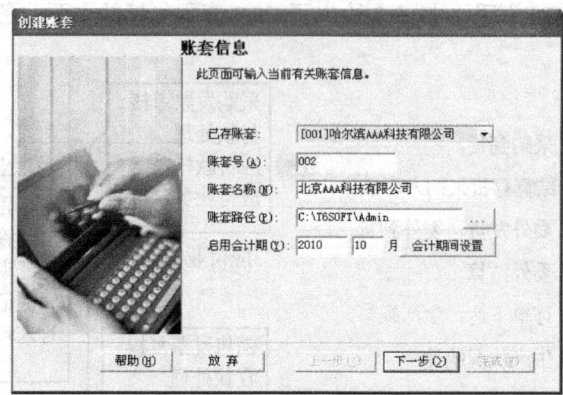

图 5-4 创建新账套

(1) 账套基本信息

按照表 5-2 的提示信息建立企业核算账套。注意账套日期、行业性质一旦选定，建账后将不能修改。

表 5-2 账套基本信息

信息项目	信息内容	说　明
账套名称	AAA 公司	必须输入
账套号	002	3 位数字，唯一
企业类型	工业	
账套启用日期	2010 年 10 月 1 日	

(续表)

信 息 项 目	信 息 内 容	说　　明
账套存储路径	系统默认	
账套主管	×××	(本人姓名)
本位币	RMB	人民币
行业性质	新会计制度科目	一旦选择不可修改
单位名称	北京 AAA 科技有限公司	必须输入
税号	310256437218	

(2) 基础信息

是否使用存货分类、客户分类、供应商分类和外币核算。如果选择的存货、客户、供应商需要分类，那么在设置基础信息时，必须先设置相应的分类，然后才能设置基础档案。

(3) 编码方案

编码方案操作如图 5-5 所示。编码方案一旦使用就不能更改。若要更改，必须先将相应的档案资料删除，然后才能进行。

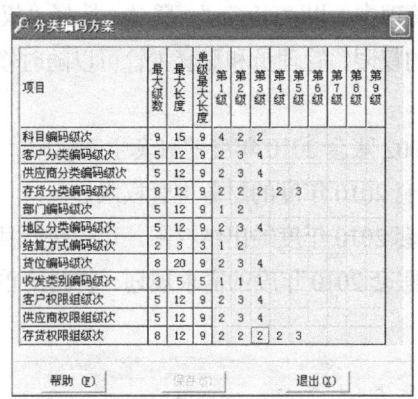

图 5-5　编码方案

(4) 数据精度

数据精度表示系统处理资料的小数位数，超过该精度的数据，系统会以四舍五入的方式进行取舍。此处取默认值，即不改变系统设置。

(5) 系统启用

选择需要启用的功能模块，系统会提示启用该功能模块的启用日期，没有被启用的功能模块不能使用。这里要启用的模块包括：财务链——总账、应收、应付、固定资产、成本管理；生产链——生产管理；供应链——采购、销售、库存、存货、委外。启用日期为 2010-10-01。系统模块启用结果如图 5-6 所示。

说明：

> 启用生产管理模块之前须先启用库存管理和采购管理。

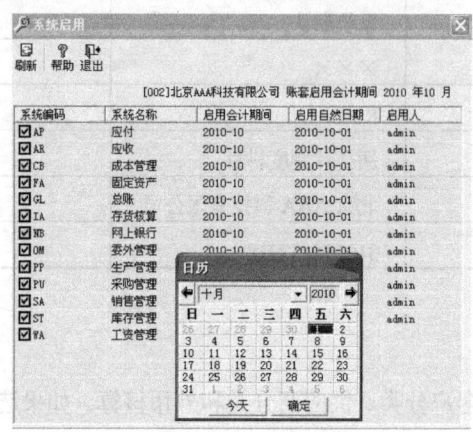

图 5-6　启用系统模块

3. 设置权限

在 ERP-T6 中，可以同时存在多个操作员，同一个操作员可以对多个账套进行管理。

如图 5-7 所示，在系统管理中，以"admin"登录，选择"权限\权限"，可以查询到操作员针对不同账套、不同年份的权限，管理员和账套主管可以随时修改操作员权限。如可作以下设定。

[01] (本人姓名)，赋予 002 账套 2010 年度的账套主管权限。

[02] 苏凯，赋予 002 账套 2010 年度的财务主管权限。

[03] 马丽，赋予 002 账套 2010 年度的出纳权限，可以进行凭证的出纳签字。

[04] 晏思桐，赋予 002 账套 2010 年度的需求规划、物料清单、委外管理、生产订单、采购管理权限。

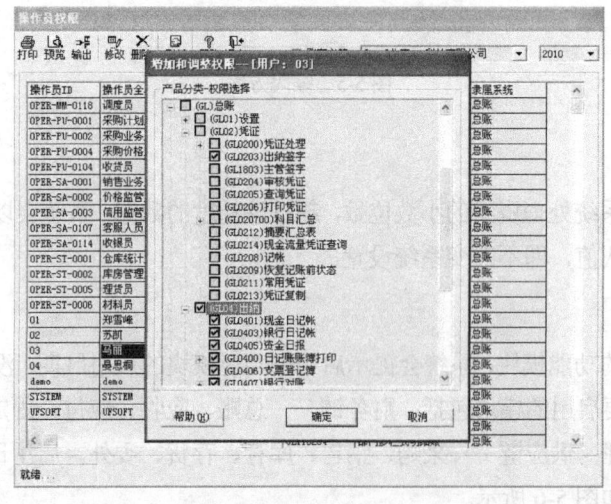

图 5-7　权限设置

4. 设置机构人员

机构设置包括本单位部门档案设置、职员档案设置等。

(1) 部门档案

在 002 账套中，打开"机构人员"目录，选择"部门档案"。按照表 5-3 的数据进行录入，部门档案的操作界面如图 5-8 所示。

表 5-3 部门档案设置

部门编码	部门名称	部门编码	部门名称
1	行政部	5	工程部
101	办公室	6	采购部
102	人事处	601	采购一部
2	生产部	602	采购二部
3	财务部	7	业务部
4	销售部	8	仓储部

说明：

➢ 部门档案编码规则为"***"，即一级部门编号由一位数字组成，其下属部门由 3 位组成。

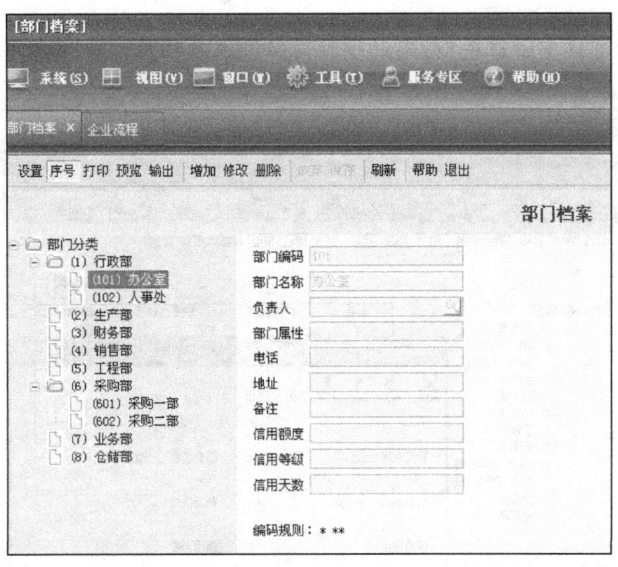

图 5-8 编辑部门档案

(2) 职员档案

在 002 账套中，设置人员档案，按表 5-4 所示录入职员档案信息，具体操作如图 5-9 所示。

表 5-4 职员档案设置

部门编码	部门名称	职员		说明
101	办公室	10101	黄益达	日常业务
102	人事处	10201	肖勇	人事管理
2	生产部	201	王齐	生产订单
		202	罗梁	车间管理
3	财务部	301	宋明兰	会计
		302	王小平	会计
4	销售部	401	王丽	销售
5	工程部	501	董晓辉	物料清单
		502	王红梅	工艺路线
		503	逍遥	工程变更
601	采购一部	60101	李明	采购管理
602	采购二部	60201	倪雪	委外管理
7	业务部	701	李飞	业务审核
8	仓储部	801	雷蕾	库存管理

在"机构设置"目录中,选择"职员档案",进行编辑。

说明:

> 图 5-9 所示窗口中带红色*标志的项目为必须录入项目。

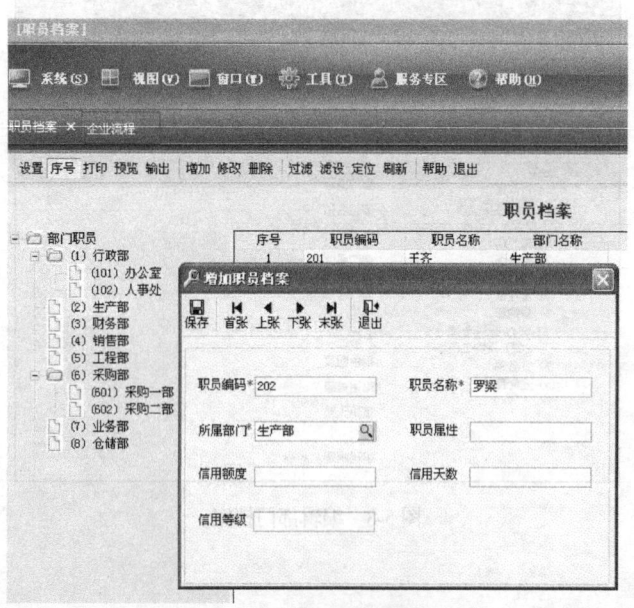

图 5-9 编辑职员档案

5. 设置往来单位

这项功能用来设置与企业存在业务往来的客户信息，包括客户分类设置、客户档案设置、供应商分类设置、供应商档案设置和地区分类设置等。

(1) 客户分类

如图 5-10 所示，打开"往来单位"目录，选择"客户分类"。本教程中，客户分为 3 类：批发(01)、零售(02)、代销(03)。

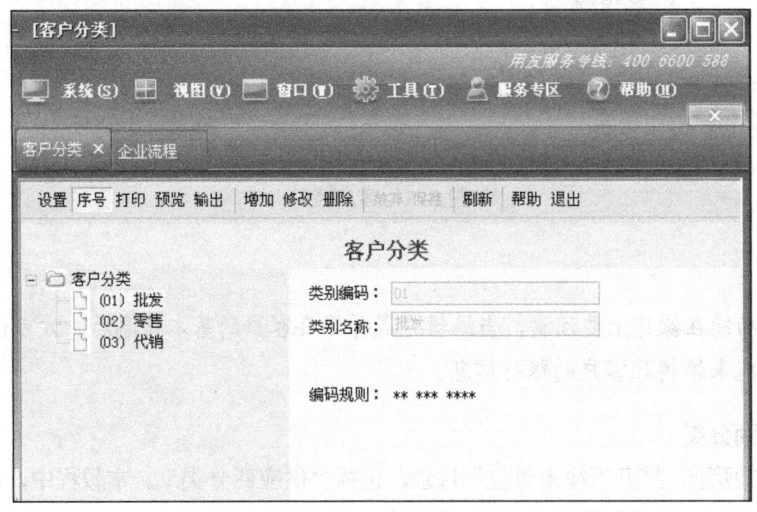

图 5-10　客户分类

(2) 设置客户档案

打开"往来单位"目录，选择"客户档案"，按照表 5-5 所列数据录入客户档案。具体操作界面如图 5-11 所示。建立客户档案的目的是为企业的销售、库存和应收账款服务。在填制销售出库单、销售发票，进行销售结算、应收款结算时，都要用到客户单位档案，因此需要正确设置。

表 5-5　客户档案设置

客户编码	客户简称	所属分类	税　　号	开户银行	账　　号
0001	华宏公司	批发	310003154	工行	112
0002	昌新贸易公司	批发	310108777	中行	567
0003	精益公司	零售	315000123	建行	158
0004	利氏公司	代销	315452453	招行	763

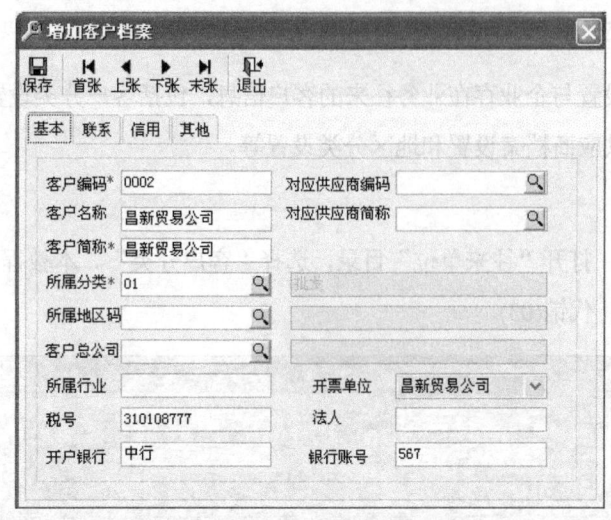

图 5-11 客户档案

说明：
> 这项功能在操作上要注意，当编辑完成并保存客户的基本信息后，方可使用银行的编辑功能来编辑此客户的银行信息。

(3) 供应商分类

如图 5-12 所示，打开"往来单位"目录，选择"供应商分类"。本教程中，供应商分为 4 类：原料供应商(01)、成品供应商(02)、委外供应商(03)、其他(04)。

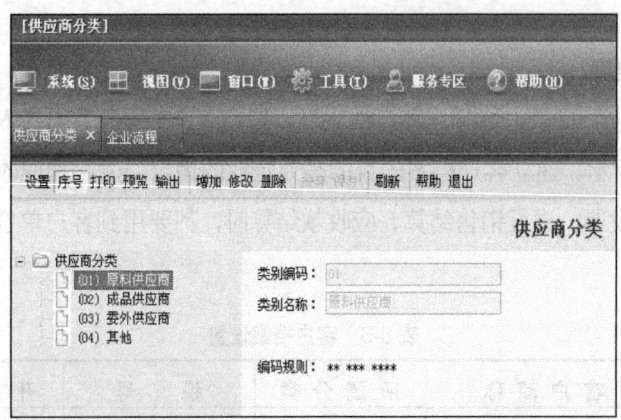

图 5-12 供应商分类

(4) 供应商档案

打开"往来单位"目录，选择"供应商档案"，按照表 5-6 的数据录入供应商档案。建立供应商档案的目的是为企业采购、库存和应付账款管理服务。在填制采购入库、采购发票、进行采购结算、应付款结算等业务时，都要用到供应商档案。

表 5-6 供应商档案设置

供应商编码	供应商简称	所属分类	税 号
YDGS	益达公司	原料供应商	313546844
XHGS	兴华公司	成品供应商	310821385
JCGS	建昌公司	成品供应商	314825705
FMSH	泛美商行	委外供应商	318478228
ADGS	艾德公司	其他	310488008

6. 设置存货

存货设置包括存货分类设置、计量单位设置和存货档案设置等。

(1) 存货分类

打开"设置"|"存货"目录,选择"存货分类"功能,按表 5-7 的数据录入存货分类数据。

说明:

> 需要注意的是,只有在建账时勾选了"存货分类"项目,才能在此设置存货分类。

表 5-7 存货分类

编 码	名 称
01	产成品
02	半成品
03	外购品
04	原材料
05	模型类
06	应税劳务

(2) 计量单位

在 ERP-T6 中,使用了计量单位组的概念。计量单位组可分为无换算、浮动换算、固定换算 3 种。每个单位组有一个主计量单位。本教程中使用的是无换算模式。

打开"设置"|"存货"目录,选择"计量单位"功能。首先建立分组,类型选择为"无换算率",保存计量单位分组的结果。然后选择该分组,选择"单位"菜单,增加新增的计量单位。

首先,按表 5-8 所列数据增加计量单位组。

表 5-8 计量单位组

计量单位组编码	计量单位组名称	计量单位组类别
01	数量单位	无换算

然后，再按表5-9所列数据增加计量单位，具体操作界面见图5-13。

表5-9 计量单位

编 号	名 称	所属计量单位组	计量单位组类别
0101	台	数量单位	无换算
0102	只	数量单位	无换算
0103	个	数量单位	无换算
0104	条	数量单位	无换算
0105	片	数量单位	无换算
0106	包	数量单位	无换算
0107	无	数量单位	无换算

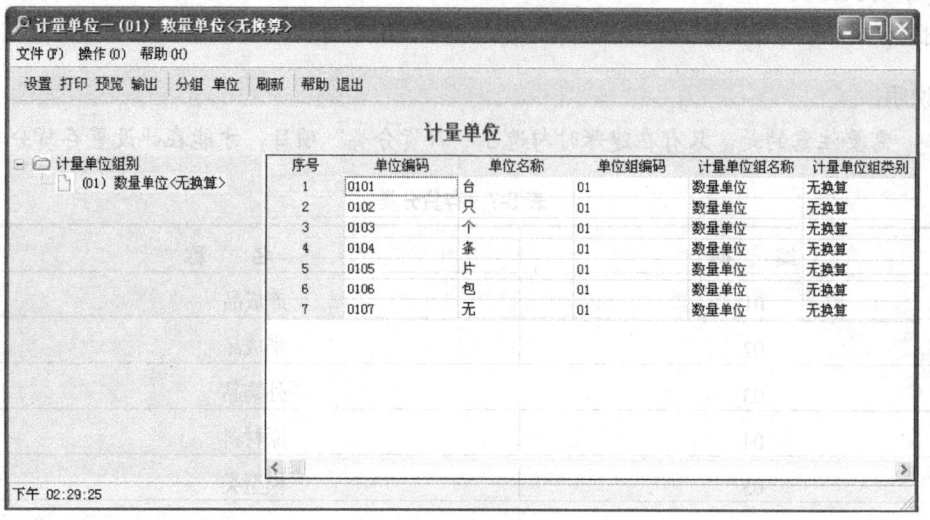

图5-13 增加计量单位

(3) 存货档案

打开"设置"|"存货"目录，选择"存货档案"功能，按表5-10所列数据录入存货档案数据，具体操作界面如图5-14所示。存货档案用于保存企业生产经营中的存货信息，便于企业管理这些数据并进行统计分析。存货档案包括存货基本信息、成本和控制等内容。

表5-10 存货档案设置

存货编码	存货名称	计量单位组	计量单位	存货属性	所属类别	税率(%)
0101	电脑(P3)	数量单位	台	自制/销售	产成品	17
0102	电脑(P4)	数量单位	台	自制/销售	产成品	17
0201	机箱	数量单位	个	委外/销售/生产耗用	半成品	17

(续表)

存货编码	存货名称	计量单位组	计量单位	存货属性	所属类别	税率(%)
0202	主机(P3)	数量单位	台	自制/销售/生产耗用	半成品	17
0203	主机(P4)	数量单位	台	自制/销售/生产耗用	半成品	17
0301	显示器	数量单位	台	外购/销售/生产耗用	外购品	17
0302	鼠标	数量单位	个	外购/销售/生产耗用	外购品	17
0303	键盘	数量单位	个	外购/销售/生产耗用	外购品	17
0304	内存条	数量单位	条	外购/销售/生产耗用	外购品	17
0305	硬盘	数量单位	个	外购/销售/生产耗用	外购品	17
0306	CPU(P3)	数量单位	个	外购/销售/生产耗用	外购品	17
0307	CPU(P4)	数量单位	个	外购/销售/生产耗用	外购品	17
0308	喷墨打印机	数量单位	台	外购/销售/生产耗用	外购品	17
0309	激光打印机	数量单位	台	外购/销售/生产耗用	外购品	17
0310	风扇	数量单位	台	外购/销售/生产耗用	外购品	17
0311	螺丝	数量单位	个	外购/销售/生产耗用	外购品	17
0312	主板	数量单位	个	外购/销售/生产耗用	外购品	17
0313	电源	数量单位	个	外购/销售/生产耗用	外购品	17
0401	金属板(1m*2m)	数量单位	片	外购/生产耗用	原料库	17
0402	金属板(1m*3m)	数量单位	片	外购/生产耗用	原料库	17
0601	运输费	数量单位		应税劳务	应税劳务	17

图 5-14 存货档案

在存货档案录入界面中，可以修改选项卡参数，接下来对部分选项卡的含义进行说明。
① "基本"选项卡。
- "存货属性"。代表存货的不同业务性质。如果没有正确选择，将无法执行相应的业务处理。同一存货可以设置为多种属性。
- "销售"。具有该属性的存货可用于销售。发货单、发票、销售出库单等与销售有关的单据参照存货时，参照的都是具有销售属性的存货。开在发货单或发票上的应税劳务，也应设置为销售属性，否则开发货单或发票时无法参照。
- "外购"。具有该属性的存货可用于采购。到货单、采购发票、采购入库单等与采购有关的单据参照存货时，参照的都是具有外购属性的存货。开在采购专用发票、普通发票、运费发票等票据上的采购费用，也应设置为外购属性，否则开具采购发票时无法参照。
- "生产耗用"。具有该属性的存货可用于生产耗用，如生产产品耗用的原材料、辅助材料等。具有该属性的存货可用于材料的领用，材料出库单参照存货时，参照的都是具有生产耗用属性的存货。
- "委外"。具有该属性的存货可用于委外加工，如工业企业委托委外商加工的委外商品。委外订单、委外产品入库、委外发票等与委外有关的单据参照存货时，参照的都是具有委外属性的存货。
- "自制"。具有该属性的存货可由企业生产自制，如工业企业生产的产成品、半成品等存货。具有该属性的存货可用于产成品或半成品的入库，产成品入库单参照存货时，参照的都是具有自制属性的存货。
- "应税劳务"。指开具在采购发票上的运费费用、包装费等采购费用或开具在销售发票或发货单上的应税劳务。
② "成本"选项卡。
- "计价方式"。设置存货出库时的成本计价方式，每种存货只能选择一种计价方式，本教程中所有存货采用先进先出法。

注意：
➢ 在存货核算系统选择存货核算时必须对每一个存货记录设置一个计价方式，缺省选择全月平均，若前面已经有新增记录，则计价方式与前面新增记录相同；若存货核算系统中已经使用该核算方式，以后就不能修改该计价方式。
- "计划单价/售价"指工业企业使用计划价核算存货，商业企业使用售价核算存货，通过按照仓库、部门、存货设置计划价/售价核算。
③ "计划"选项卡。
如果启用了物料需求计划产品，则需要输入存货档案计划页的相关信息资料。
- "计划策略"。默认为 MRP 件；选择内容为 MRP 件、ROP 件、空值。
当为 MRP 件时，外购属性加 MRP 件的末级物料，参与 MRP 运算，生成 MRP 采购计划；自制属性加 MRP 件，参与 MRP 运算，生成 MRP 生产计划。
当为 ROP 件时，外购属性加 ROP 件，参与 ROP 运算，生成 ROP 采购计划。

如该存货属性设置为"自制",选中 ROP 件时,系统提示因计划策略选择为"ROP 件",则"基本"选项卡中"自制属性"自动取消,即 ROP 件不可有"自制"属性。

ROP 件建立在 BOM 中,也不参与 MRP 运算。

当为空值时:本页签所有项置灰不可设置,该存货不参与 MRP、ROP 运算,如费用类存货。

- "再订货点方法"。决定 ROP 计划是低于存货再订货点就生成,还是由系统自动计算。
- "保证供应天数"。保证供应天数越长,则每次计划订货量越大。

7. 财务信息

财务方面的设置包括凭证类别、会计科目、外币设置和项目目录、收付结算和本单位银行设置。

(1) 凭证类别

打开"设置"|"财务"目录,选择"凭证类别"功能,定义凭证类别为"记账凭证",如图 5-15 所示。

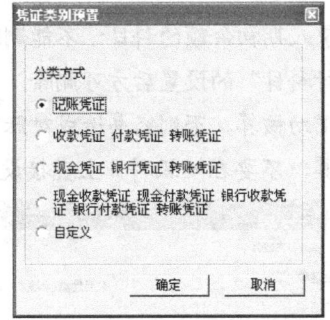

图 5-15　设置凭证类别

(2) 会计科目

打开"设置"|"财务"目录,选择"会计科目"功能。如果建账时勾选了"按行业预设科目",系统已经自动生成了相应行业的会计科目,在此基础上,根据企业需要设置明细科目即可。

① 单击会计科目界面的"编辑"菜单,选择"指定科目"设置指定科目,指定"现金总账科目 1001","银行总账科目 1002",如图 5-16 所示。

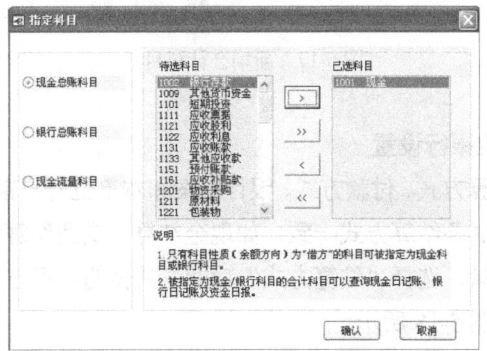

图 5-16　设置指定科目

② 应收账款、预收账款的辅助核算设置为"客户往来",应付账款、预付账款的辅助核算设置为"供应商往来"。

说明:

➢ 修改以上科目的辅助核算可通过单击菜单上的"查找",然后在查找科目窗口输入科目编码,以加快查找速度。其中应收账款的科目编码为1131,预收账款的科目编码为2131,应付账款的科目编码为2121,预付账款的科目编码为1151。

③ 增加下列会计科目,如图5-17所示。

管理费用——工资(550201),辅助核算设置为"部门核算"。
管理费用——福利费(550202),辅助核算设置为"部门核算"。
管理费用——办公费(550203),辅助核算设置为"部门核算"。
管理费用——招待费(550204),辅助核算设置为"部门核算"。
管理费用——折旧费(550205),辅助核算设置为"部门核算"。

说明:

➢ 不能删除已经制单或者录入期初余额的科目;不能删除指定为"现金银行科目"的科目,只有取消"现金银行科目"的设置后方可删除。另外,对于辅助核算有两点要注意:一是不要中途修改辅助核算,否则容易造成对账不平;二是最好是在二级科目或明细科目上设置辅助核算,不要在一级科目上直接设置。

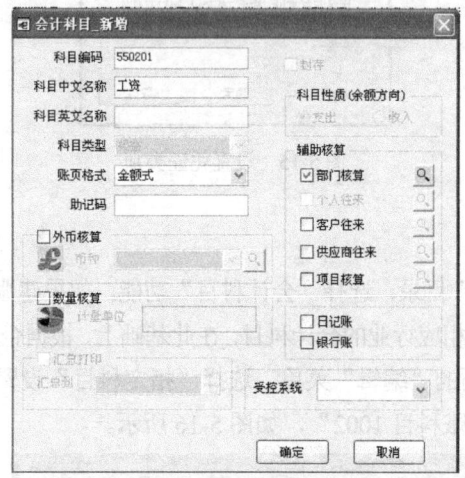

图5-17 新增会计科目

(3) 收付结算和本单位银行设置

收付结算设置包括结算方式、付款方式、银行档案和本单位开户银行设置,在002账套中,主要设置结算方式,其与财务结算方式一致,如现金结算、支票结算等。

打开"收付结算"目录,选择"结算方式"功能。具体的结算方式包括3种:现金结算、支票结算和汇票结算,如图5-18所示。

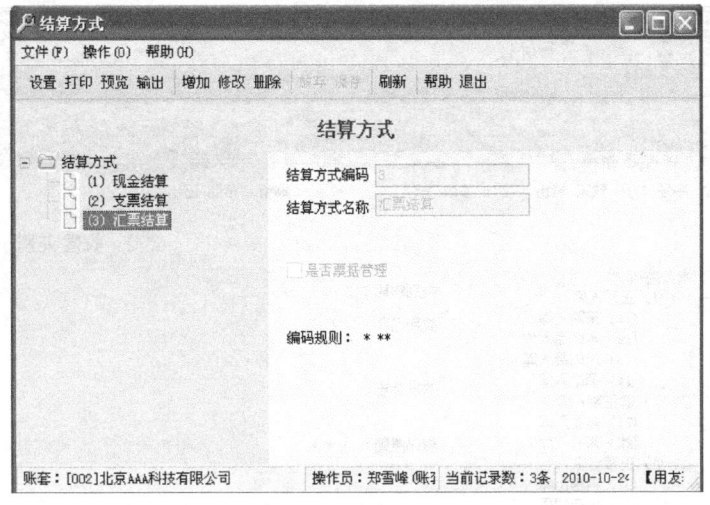

图 5-18　结算方式

打开"开户银行",增加开户银行。银行编码:01;开户行:工行;所属:中国工商银行;账号:320648111090。

8. 业务信息

业务信息设置内容包括工厂日历、仓库档案、收发类别、采购类型、销售类别、成套件、费用方式等。本教程需要设置如下 5 类业务信息。

(1) 工厂日历

用户可以根据实际情况定义工厂日历,定义休息日和工作日。在进行 MRP 运算时,生产计划需要考虑工厂日历。打开"业务"目录,选择"工厂日历",进行工厂日历的设定。

(2) 仓库档案

仓库档案是使用供应链模块的前提。打开"业务"目录,选择"仓库档案"功能,按照表 5-11 所列数据添加仓库信息。

表 5-11　仓库档案设置

仓库编码	仓库名称	计价方式	仓库属性
001	产成品仓库	全月平均	普通仓
002	半成品仓库	全月平均	现场仓
003	外购品仓库	移动平均	现场仓
004	原材料仓库	移动平均	普通仓

(3) 收发类别

企业可根据实际需要自行设置,用于对不同业务类型进行分析和统计。打开"业务"目录,选择"收发类别"功能,按照图 5-19 所示内容增加收发类型。

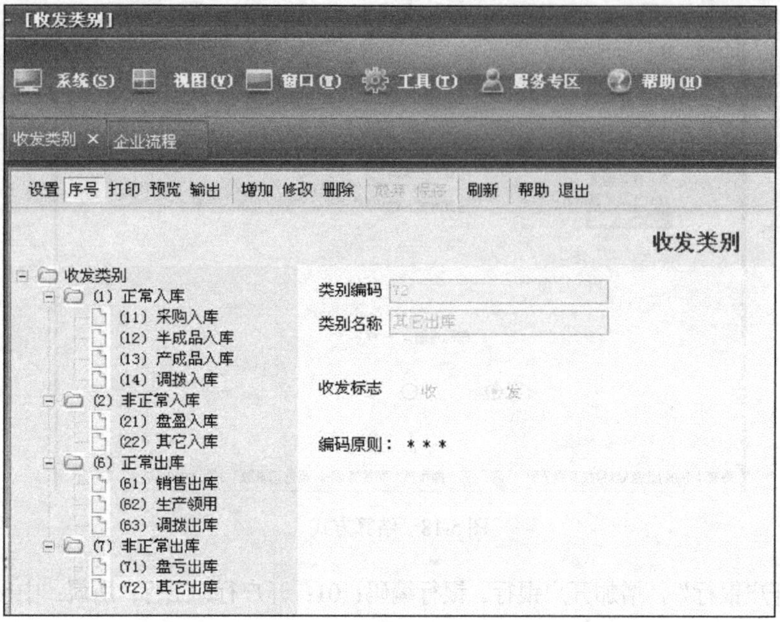

图 5-19 设置收发类别

(4) 采购类别

打开"业务"目录，选择"采购类别"功能。采购类别编码：01，采购类别名称："普通采购"，入库类别："采购入库"。

(5) 销售类别

打开"业务"目录，选择"销售类别"功能。销售类别编码：01，销售类别名称："普通销售"，出库类别："销售出库"。

9. 生产制造设置

(1) 物料清单(BOM)资料维护

物料清单(Bill Of Material)指产品的组成成分及其数量，即企业生产的产品由哪些材料组成。BOM 在许多企业中称材料定额，是生产领料、材料控制、采购计划制定的基础信息。定义了物料清单，才可以通过 MRP 运算得出 MRP 采购计划、MRP 生产计划、MRP 委外计划所需的物料数量；商业企业或没有物料清单的工业企业不需要定义物料清单。

打开"设置"|"基础档案"目录，选择"物料清单"|"物料清单维护"，点击"物料清单"界面中的"过滤"，跳过过滤条件。然后单击"增加"，进入如图 5-20 所示的物料清单维护界面，在该界面按照表 5-12~表 5-16，依次增加产品物料清单数据。

第5章 ERP-T6操作全流程体验

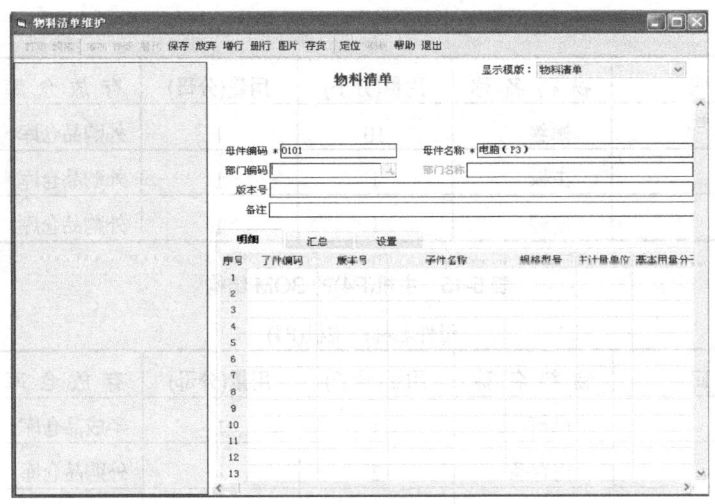

图 5-20 物料清单的维护

表 5-12 电脑(P3)的 BOM 结构

母件编码：0101　　　　母件名称：电脑(P3)

物料编码	物料名称	用量(分子)	用量(分母)	存放仓库	损耗率%
0202	主机(P3)	1	1	半成品仓库	0
0301	显示器	1	1	外购品仓库	0
0302	鼠标	1	1	外购品仓库	0.05
0303	键盘	1	1	外购品仓库	0.05

表 5-13 电脑(P4)的 BOM 结构

母件编码：0102　　　　母件名称：电脑(P4)

物料编码	物料名称	用量(分子)	用量(分母)	存放仓库	损耗率%
0203	主机(P4)	1	1	半成品仓库	0
0301	显示器	1	1	外购品仓库	0
0302	鼠标	1	1	外购品仓库	0.05
0303	键盘	1	1	外购品仓库	0.05

表 5-14 主机(P3)的 BOM 结构

母件编码 0202　　　　母件名称：主机(P3)

物料编码	物料名称	用量(分子)	用量(分母)	存放仓库	损耗率%
0201	机箱	1	1	半成品仓库	0
0304	内存条	2	1	外购品仓库	0.05
0305	硬盘	1	1	外购品仓库	0.01
0306	CPU(P3)	1	1	外购品仓库	0.01
0310	风扇	1	1	外购品仓库	0.1

(续表)

物料编码	物料名称	用量(分子)	用量(分母)	存放仓库	损耗率%
0311	螺丝	10	1	外购品仓库	0.5
0312	主板	1	1	外购品仓库	0.05
0313	电源	1	1	外购品仓库	0

表 5-15 主机(P4)的 BOM 结构

母件编码 0203　　　　　　　　母件名称：主机(P4)

物料编码	物料名称	用量(分子)	用量(分母)	存放仓库	损耗率%
0201	机箱	1	1	半成品仓库	0
0304	内存条	2	1	外购品仓库	0.05
0305	硬盘	1	1	外购品仓库	0.01
0307	CPU(P4)	1	1	外购品仓库	0.01
0310	风扇	1	1	外购品仓库	0.1
0311	螺丝	10	1	外购品仓库	0.5
0312	主板	1	1	外购品仓库	0.05
0313	电源	1	1	外购品仓库	0

表 5-16 机箱的 BOM 结构

母件编码 0201　　　　　　　　母件名称：机箱

物料编码	物料名称	用量(分子)	用量(分母)	存放仓库	损耗率%
0401	金属板(1m*2m)	2	3	原材料仓库	0.5

输入完毕后，可以按照图 5-21 所示，进行物料清单母件结构查询，以检验输入是否正确。

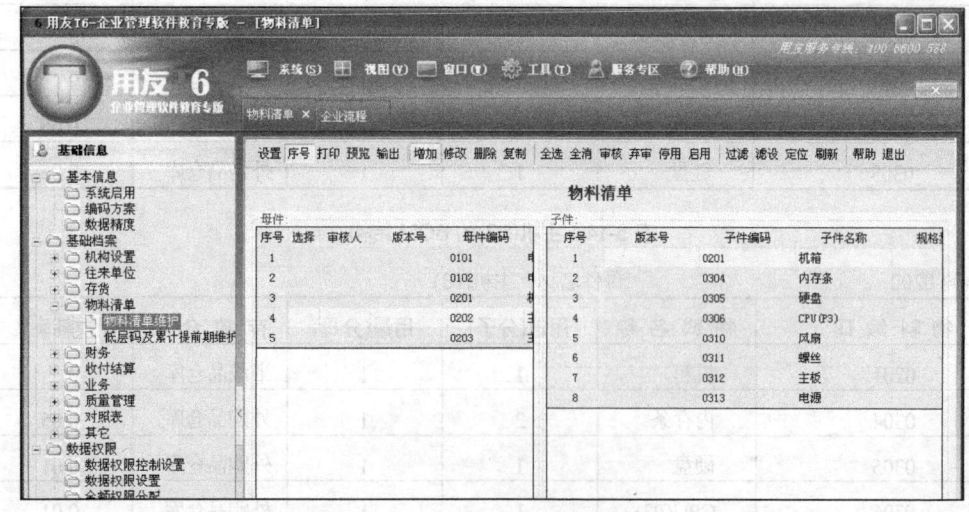

图 5-21 物料清单母件结构查询

说明：
> 基本用量(分子)和基本用量(分母)：两个设置相互依存。基本用量(分子)默认为1，基本用量(分子)/基本用量(分母)的结果是该子件在该母件下的用量，两个都必须输入。例如：要生产3台机箱，需要2张规格为1m*2m的金属板，则基本用量(分子)为2，基本用量(分母)为3。
> 使用数量：考虑母件和子件耗损率后，系统自动计算子件需要的数量。
> 损耗率%：可随时修改，缺省为0表示损耗率为0%，只能输入0至100的数字。

(2) 低层码及累计提前期维护

打开"设置"|"基础档案"目录，选择"物料清单"|"低层码及累计提前期维护"，点击"执行"。

(3) 工作中心维护

打开"业务"|"生产制造"目录，选择"生产管理"|"档案"|"生产数据"|"工作中心"，按照表5-17的数据增加工作中心，如图5-22所示。

表5-17 工作中心资料

工作中心代号	工作中心名称	隶 属 部 门
001	电脑包装线	2(生产部)
002	主机装配线	2(生产部)

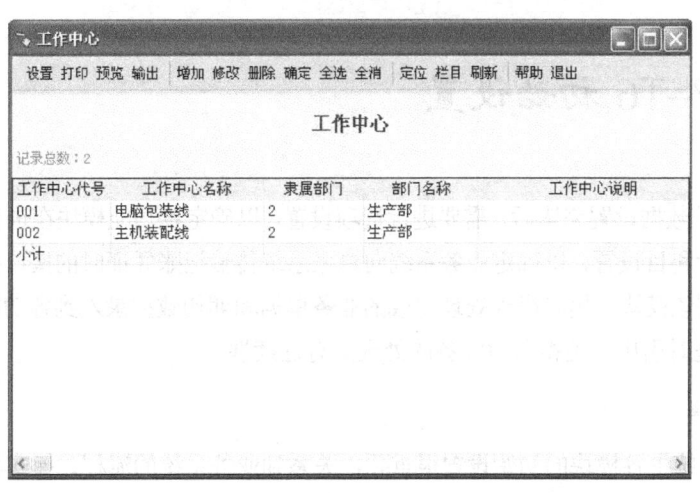

图5-22 维护工作中心资料

(4) 标准工序资料维护

打开"业务"|"生产制造"目录，选择"生产管理"|"档案"|"生产数据|标准工序"，按照表5-18的数据增加工序，操作见图5-23。

表 5-18 标准工序资料

项　　目	内　　　容		
工序代号	0010	0020	0030
工序说明	电脑包装	主机装配	主机测试
工作中心	001	002	002

图 5-23 标准工序资料维护

5.3 ERP-T6 初始设置

账套的基础数据设置完毕后,需要进行选项设置,以确定各功能模块在进行业务处理时的控制模式;进行科目设置,以确定业务系统向总账系统传输记账凭证时的接口标准;录入期初余额,将截止到该模块启用时尚未处理完成的业务单据和期初数据录入到各功能系统中,以便在后期业务处理时引用,使得前后业务的处理具有连续性。

1. 选项设置

ERP-T6 系统中各模块的初始设置很重要,关系到业务系统的流程、模式和数据走向。如在库存管理系统中,可以设置是否进行安全库存报警、是否有形态转换业务等。销售、库存、采购、总账系统等都有选项设置,可根据业务需求继续设置。设置的操作方法相似,打开各系统,选择"设置"|"选项"进行设置即可。如果没有特殊要求,使用系统默认。

2. 科目设置

科目设置的目的是,各业务子系统在向总账系统传输数据时,能够使子系统自动找到与业务模块对应的会计科目而生成记账凭证,最终传递给总账。

(1) 存货系统的科目设置

打开"业务"|"供应链"目录，选择"存货核算"|"初始设置"|"科目设置"|"存货科目"，按照表5-19的数据增加存货科目，其操作如图5-24所示。

表5-19 存货科目设置

存货分类编码	存货科目编码
01 产成品	1243 库存商品
02 半成品	1241 自制半成品
03 外购品	1243 库存商品
04 原材料	1211 原材料

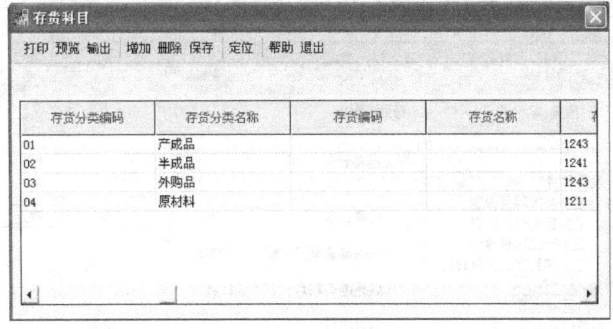

图5-24 增加存货科目

(2) 存货系统的对方科目设置

打开"业务"|"供应链"目录，选择"存货核算"|"初始设置"|"科目设置"|"对方科目"，按照表5-20的数据，增加存货对方科目，其操作与增加存货科目相似。

表5-20 存货系统的对方科目设置

收发类别	对方科目	暂估科目
采购入库(11)	物资采购(1201)	物资采购(1201)
产成品入库(13)	基本生产成本(410101)	
盘盈入库(21)	待处理流动财产损益(191101)	
销售出库(61)	主营业务成本(5401)	
生产领用(62)	基本生产成本(410101)	

(3) 应收系统的科目设置

打开"业务"|"财务会计"目录，选择"应收款管理"|"设置"|"初始设置"，进行以下科目的设置。

① 基本科目设置：应收科目为 1131，预收科目为 2131，销售收入科目为 5101，税金科目为 21710105。

② 结算方式科目设置：现金结算对应 1001，支票结算对应 1002，汇票结算对应 1002。

③ 在"应收款管理"|"设置"|"选项"的"常规"选项卡中，调整应收系统的选项：将坏账处理方式设置为"应收余额百分比法"，在"凭证"选项卡中，设置为"月结前全部生成凭证"。

④ 设置坏账准备期初余额：坏账准备科目为 1141，期初余额为 10000 元，提取比率为 0.5%，如图 5-25 所示。

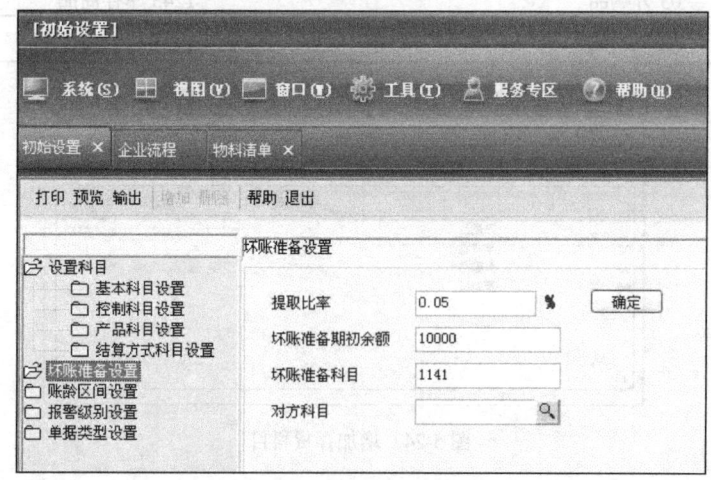

图 5-25 设置坏账准备期初

(4) 应付系统的科目设置

打开"业务"|"财务会计"目录，选择"应付款管理"|"设置"|"初始设置"，进行以下科目设置。

① 基本科目设置：应付科目为 2121，预付科目为 1151，采购科目 1201，税金科目为 21710101。

② 结算方式科目设置：现金结算对应 1001，支票结算对应 1002，汇票结算对应 1002。

3. 期初余额录入

第一次启用各功能模块时，还需要将截止到该模块启用时未处理完成的业务单据和期初数据录入到各功能系统中，以便于后期业务处理时引用，使得前后业务的处理具有连续性。

(1) 总账系统

打开"业务"|"财务会计"目录，选择"总账"|"设置"|"期初余额"，打开"期初余额输入"窗口。按照表 5-21 所列的数据输入总账的期初余额数据，结果如图 5-26 所示。

表 5-21　总账期初余额

科目编码	科目名称	方向	期初余额	科目编码	科目名称	方向	期初余额
1001	现金	借	1 000.00	1241	自制半成品	借	275 800.00
1002	银行存款	借	100 000.00	1243	库存商品	借	1 654 000.00
1131	应收账款	借	25 000.00	2121	应付账款	贷	5 000.00
1201	物资采购	借	8 000.00	3101	实收资本	贷	2 135 800.00
1211	原材料	借	87 000.00	1141	坏账准备	贷	10 000.00

图 5-26　总账期初余额

说明:
➢ 应收账款的单位为华宏公司, 应付账款的单位为兴华公司。

(2) 库存管理系统

打开"业务"|"供应链"|"库存管理"目录, 选择"初始设置"|"期初数据"|"期初结存", 系统将出现库存初期界面, 然后单击"修改"按钮, 按照表 5-22 所列的数据, 对不同仓库进行库存期初数据输入, 结果如图 5-27 所示。

表 5-22　库存的期初结存

仓库	存货编码	存货名称	计量单位	数量	结存单价
产成品	0101	电脑(P3)	台	100	3 000
	0102	电脑(P4)	台	150	4 800
半成品	0201	机箱	个	80	200
	0202	主机(P3)	台	70	2 020
	0203	主机(P4)	台	40	3 200

(续表)

仓库	存货编码	存货名称	计量单位	数量	结存单价
外购品	0301	显示器	台	300	900
	0302	鼠标	个	20	20
	0303	键盘	个	80	60
	0304	内存条	条	530	100
	0305	硬盘	个	620	300
	0309	激光打印机	台	230	2 000
	0310	风扇	台	180	40
	0313	电源	个	90	220
原料库	0401	金属板(1m*2m)	片	1300	300
	0402	金属板(1m*3m)	片	1000	248

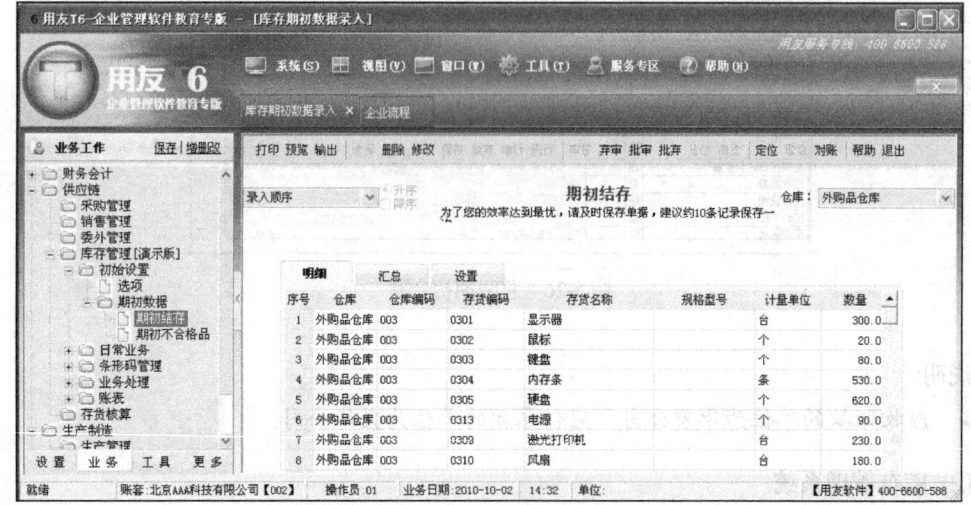

图 5-27 库存期初结存

说明：
➢ 录入完毕需要审核期初结存。

(3) 存货管理系统

打开"业务"|"供应链"|"存货核算"目录，选择"初始设置"|"期初数据|期初余额"，系统将显示期初余额，然后选择不同仓库，输入期初数据。也可通过从库存取数功能录入，先单击"增加"按钮，进入修改状态才可取数。

说明:
- 在存货核算期初余额窗口中,录入各仓库的期初余额数据,可以使用"取数"命令从库存管理取期初数据,在库存管理系统有期初数据的情况下,使用取数功能将大大降低工作量。
- 录入完毕后,选择"对账"命令对各仓库的期初余额数据进行记账,检查存货与库存两个子系统的数据一致性。即使期初余额为0,也需要执行一下"对账"命令。

(4) 应收款系统

应收账款科目的期初余额中涉及到华宏公司的余额为25 000元。以应收单形式录入后,与总账系统进行对账。具体操作是,打开"业务"|"财务会计"目录,选择"应收款管理"|"设置"|"期初余额",系统将出现应收账款的期初余额明细表,然后单击"增加"按钮,选择单据类型为"其他应收单",结果如图5-28所示。

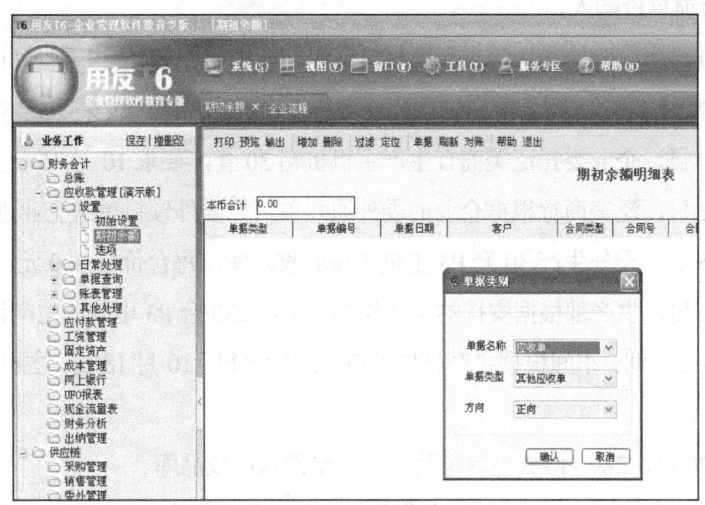

图5-28 应收账款期初录入

(5) 应付款系统

应付账款科目的期初余额中涉及兴华公司的余额5 000元,以应付单形式录入后,与总账系统进行对账。具体操作是,打开"业务"|"财务会计"目录,选择"应付款管理"|"设置"|"期初余额",系统将显示应付账款的期初余额明细表,然后单击"增加"按钮,选择单据类型为"其他应付单"。

5.4 ERP-T6 业务处理体验

下面,我们将一起进入ERP-T6的业务处理体验环节,一起感受从销售订单开始,进行原料采购、生产制造、委外加工、完工入库、销售发货、应收应付单据核销、总账和报表处理等业务过程，了解整个企业经营过程中 ERP 的实际使用状况和数据接续关系。涉及的业务过程如下。

(1) 10 月 3 日，华宏公司有意向本公司订购 P3 电脑 200 台，于是向本公司询问价格，本公司销售部业务员王丽进行了报价，无税单价 3 500 元。

(2) 10 月 5 日，华宏公司与本公司协商后确定以 3 400 元购买 P3 电脑 280 台。商定发货日期为 10 月 25 日，销售部要求这批产品在 10 月 24 日前必须完工。

(3) 10 月 6 日，生产部根据销售订单进行 MRP 运算，生成采购计划、生产计划和委外计划。

(4) 10 月 7 日，根据前面安排的生产计划，安排相关的物料供应计划，执行采购订购业务；李明与供应商建昌公司洽谈，并要求所有采购品必须在 10 月 10 日前到货。

具体价格(无税价格)为：主板每块 415 元，螺丝每个 0.1 元，P3 型号 CPU 每个 764 元，其他物料按存货目前单价购入。

(5) 10 月 10 日所订购的货物验收入原材料仓库。同时，采购部门当天收到该笔货物的专用发票一张，交给财务部门，财务部门确认此业务所涉及的应付账款及采购成本。

(6) 10 月 10 日，企业委托泛美商行生产主机机箱 30 套，要求 10 月 15 日交货。

(7) 10 月 12 日，泛美商行根据企业的委外通知单，凭委外领料单来企业进行领料。

(8) 10 月 15 日，委外生产 30 套 P3 主机机箱验收入库，每台价格 800 元。

(9) 10 月 16 日，生产部根据安排的生产任务，下达 280 台 P3 电脑的生产订单，将生产订单通知单送达组装车间。车间根据生产订单领料单进行领料。10 月 18 日，主机全部生产完毕，入半成品库。

(10) 10 月 20 日，280 台 P3 电脑组装完毕，全部入产成品库。

(11) 10 月 25 日，销售部开出销售发货单，向华宏公司发出 P3 电脑 280 台。

(12) 10 月 30 日，销售部向财务部门报销招待费 500 元，现金支付。

(13) 10 月 30 日，会计部门进行存货核算，对应收和应付账款进行核销。

(14) 10 月 31 日，会计部门进行月底结账，出具报表。

在使用 T6 进行业务处理时，不但可以通过界面中的目录进行相关业务处理，还可以使用系统提供的企业流程模块。该模块将各个业务的流程以流程图的形式呈现，直接单击业务流程图中相关活动的图标，便可进入相应模块进行业务处理，企业流程图的系统主界面如图 5-29 所示。例如，双击图 5-29 中的计划生产图标，便进入到如图 5-30 所示的计划生产流程。该流程图不但可以直接进行业务处理，还可以提示用户每个模块内部各项工作的先后顺序及模块间的数据传递关系。为了使用户更好地了解 T6 软件，本教程中的业务操作步骤说明以目录的形式为主。

第 5 章　ERP-T6 操作全流程体验

图 5-29　系统主界面

图 5-30　计划生产流程界面

1. 承接销售订单

以销定产、以产定料经营模式是企业生产经营的开始，销售部承接销售订单是销售业务员的主要工作职责，大多数企业销售订单的输入是由销售内勤完成的。

(1) 输入销售报价单

打开"业务"|"供应链"目录，选择"销售管理"|"业务"|"销售报价"|"销售报价单"，

新增一张报价单,客户为"华宏公司",在表体增加"存货 0101 电脑(P3)",数量为 200 台,无税单价为 3500 元。保存此报价单,并进行审核。结果如图 5-31 所示。

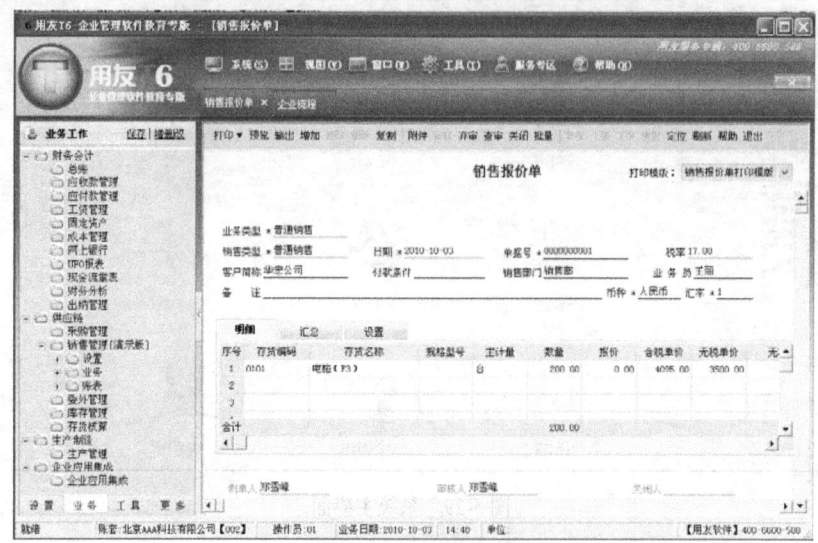

图 5-31 销售报价单

(2) 输入销售订单

打开"业务"|"供应链"目录,选择"销售管理"|"业务"|"销售订货"|"销售订单",新增一张销售订单,参照报价单生成,在表体修改存货"0101 电脑(P3)"的数量为 280 台,无税单价为 3400 元,预完工日期为 2010-10-24,预发日期为 2010-10-25。录入完毕后,保存并审核。如图 5-32 所示反映了选择报价单生成销售订单的关键步骤。

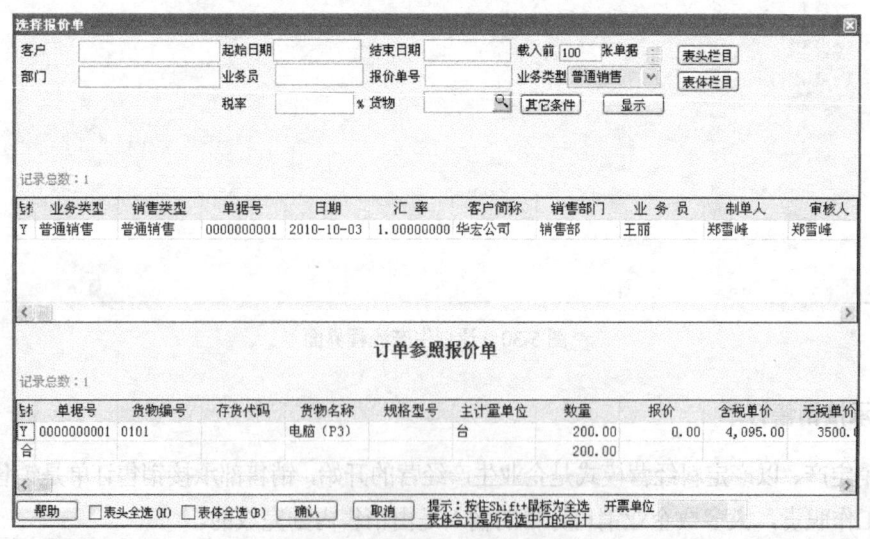

图 5-32 选择报价单生成销售订单

2. 物料需求计划(MRP)排程

本教程模拟的 002 账套，电脑(P3)产成品库存期初余额为 100 台，不足以交付销售订单的 280 台，因此，需要进行需求规划，以完成该销售订单的生产排程。

打开"业务"|"生产制造"目录，选择"生产管理"|"MRP 计划生产"|"MRP 运算"，或者在计划生产流程图中单击"MRP 分析"图标，进入 MRP 运算(或 SRP 运算)。MRP 运算后生成采购计划、生产计划、委外计划。

系统在设定的运算周期内，根据 MRP 平衡公式进行运算，产生新的生产管理计划。MRP 运算一般可分为再生成法和净改变法，本系统采用的是再生成法。该方法周期性地生成 MRP 计划，一般为一周一次(当然并无约束，由企业根据实际情况定)，一周后原来的 MRP 计划过时，再根据最新的需求、BOM 以及库存记录等信息生成新的 MRP 计划。再生成法广泛适用于各类生产企业。在进行新的 MRP 运算时，原 MRP 生产计划、MRP 委外计划、MRP 采购计划作废，即原计划生成的计划订货量、计划生产量不再有效；但是根据原 MRP 运算已下达采购订单、生产订单、委外订单的因素需要考虑已下达的采购订单增加预计入库量，已下达生产订单和委外订单的父项增加预计入库量，子项增加毛需求量。

说明：
➢ 在进行 MRP 运算前，要进行工厂日历设置，打开"设置"|"基础档案"目录，选择"业务"|"工厂日历"进行工厂日历的设置。

3. 材料采购业务

经过 MRP 计算之后，系统给出的计划采购数据就可以被采购管理系统参照进行采购业务的处理。具体采购时，可以进行手动输入处理。

(1) 采购订单业务

打开"业务"|"供应链"目录，选择"采购管理"|"业务"|"订货"|"采购订单"，在"采购订单"窗口，单击"增加"按钮，然后单击"生单"，选择下拉的采购计划，在过滤条件窗口中设置计划来源为 MRP 计划，单击"过滤"按钮。在系统列出的"生单选单列表"窗口中，选择需要生成采购订单的记录，然后单击"确定"按钮，系统将所选定的记录数据拷贝至采购订单中。

在采购订单表头中选择此次采购的供应商、采购部门、业务员、税率，在采购订单的表体中，录入每个物料的采购单价，采购的计划到货日期由系统根据 MRP 执行结果自动带入，最后保存并审核。结果如图 5-33 所示。

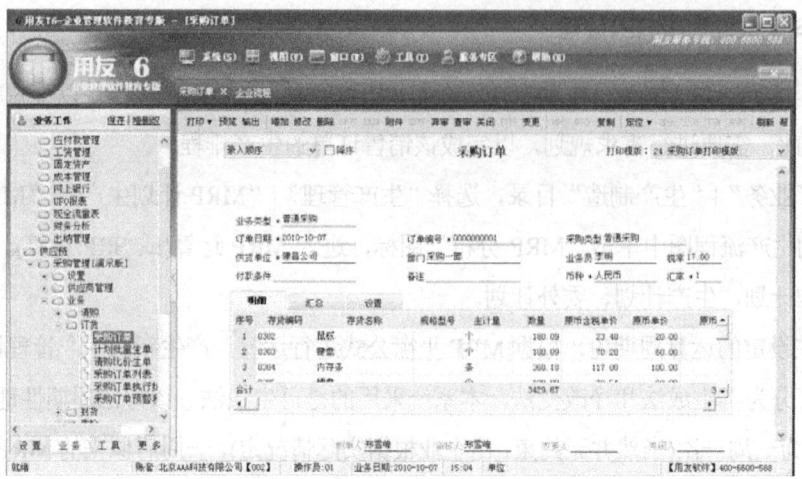

图 5-33 采购订单

(2) 采购到货

采购订单下达给供应商后,供应商根据采购订单进行备货,在要求的到货日期之前,将货物送至企业,即采购到货。在采购管理系统中,选择"业务"|"到货"|"到货单",在"采购到货单"窗口,增加一张到货单。如图 5-34 所示,单击"增加"按钮,然后单击"生单",选择下拉列表中的采购订单,在系统列出来的"生单选单列表"窗口中,选择需要生成的到货单记录,单击"确定"按钮,系统将所选记录全部拷贝到采购到货单中,然后保存。

说明:

> 采购到货单不必审核,经过保存后就传递到仓库管理系统中。到货是否入库,由仓库管理系统的采购入库单业务进行处理。

> 如果供应商将货物直接送到企业仓库办理入库业务,则可以不填制采购到货单,直接填制采购入库单(采购入库单参照采购订单生成)。增加采购到货单的目的,是保证所有的货物在检验后才送至仓库。

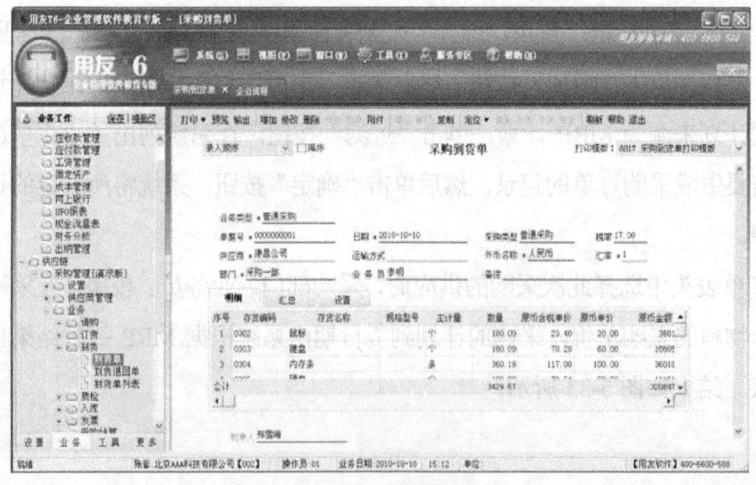

图 5-34 采购到货单

(3) 采购入库

采购入库单可以手工增加，也可以参照采购订单、到货单(到货退回单)生成。本教材选择参照到货单生成的方式，打开"业务"|"供应链"目录，选择"库存管理"|"日常业务"|"入库"|"采购入库单"，在"采购入库单"窗口，先选择仓库，然后通过"生单"按钮选择所参照的入库单号。系统将采购到货单记录拷贝到采购入库单后，保存并审核。此时，入库单上的存货正式入库，采购入库信息会被传递回采购管理系统中，便于采购部得知采购入库信息，结果如图 5-35 所示。

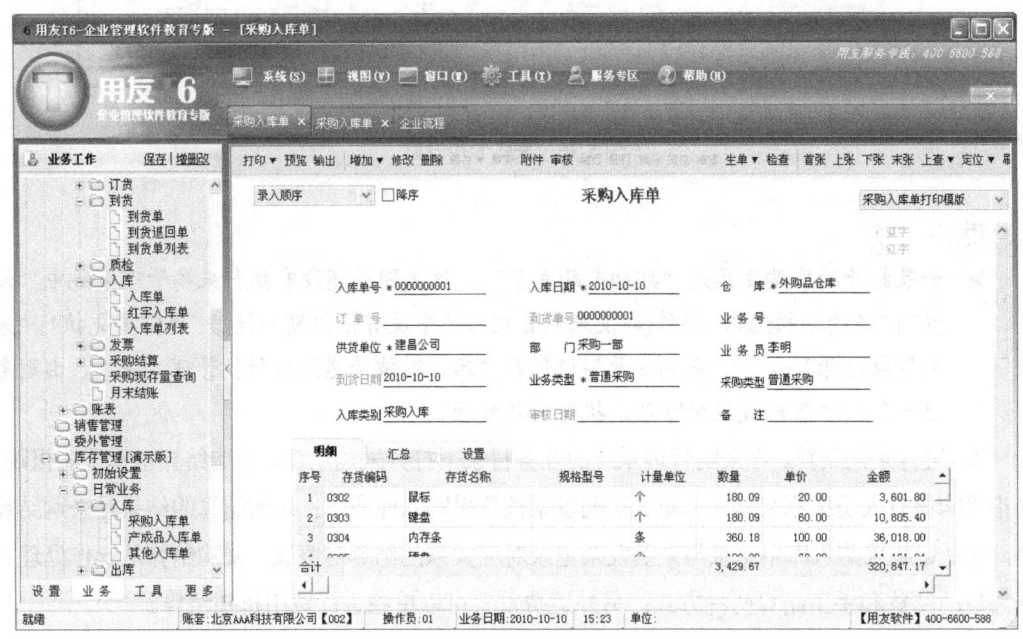

图 5-35 采购入库单

(4) 结算存货的采购入库成本

若要结算存货的入库成本，需要两个步骤。

① 生成采购专用发票。打开"业务"|"供应链"目录，选择"采购管理"|"业务"|"发票"|"专用采购发票"，在"采购专用发票"窗口，单击"增加"按钮，新增一张采购专用发票(是形成应付款的来源)，然后单击"生单"，选择下拉列表中的采购入库单。在列出的"生单选单列表"窗口中，选择需要生成采购专用发票的采购入库单记录号，然后单击"确定"按钮，系统将所选记录全部拷贝进入采购专用发票中，保存后等待发票复审。结果如图 5-36 所示。

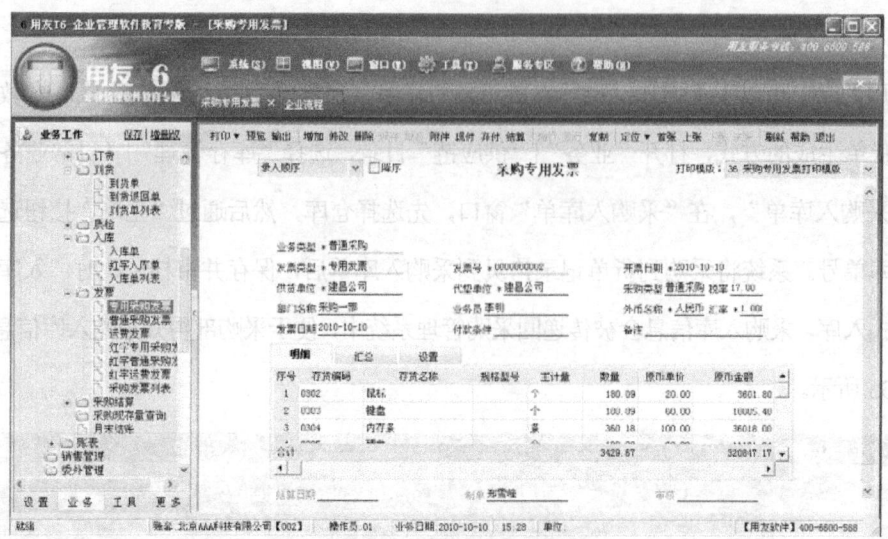

图 5-36 采购专用发票

说明：

➢ 如果打开的采购发票是"期初采购发票"，这是因为还没有执行采购管理系统中"设置"|"采购期初记账"操作(即使采购管理系统中没有任何期初数据，也需要先执行"采购期初记账"命令)，采购发票经过保存之后，则被传递到应付款管理系统中，由财务进行复核之后形成应付账款，执行付款处理。

② 进行采购结算。在采购管理系统的业务目录下打开采购结算。采购结算也称采购报账，是指采购核算人员根据采购入库单、采购发票核算采购入库成本；采购结算的结果是采购结算单，它是记载采购入库单记录与采购发票记录对应关系的结算对照表。采购结算从操作处理上分为自动结算和手工结算两种方式；另外运费发票可以单独进行费用折扣结算。

4. 委外业务

经过 MRP 计算之后，需要进行委外加工的业务，可以通过委外管理进行处理。在本教程的模拟账套中，先将采购的原材料入库后，然后将生产主机机箱 30 台("机箱"的存货属性为委外)所需要的原材料(根据 BOM 算得)外发给加工商进行委外加工处理。

(1) 委外订单

打开"业务"|"供应链"目录，选择"委外管理"|"日常业务"|"委外订单下达"，在"委外订单"窗口单击"增加"按钮，在表头中，选择此委外的供应商(供应商档案中，该供应商的属性必须是委外)、业务员，然后单击"生单"按钮，选择下拉列表中的委外计划，在列出的"选择委外计划存货"窗口中，选择需要生成委外订单的委外计划单，单击"确定"按钮，最后保存并审核。结果如图 5-37 所示。

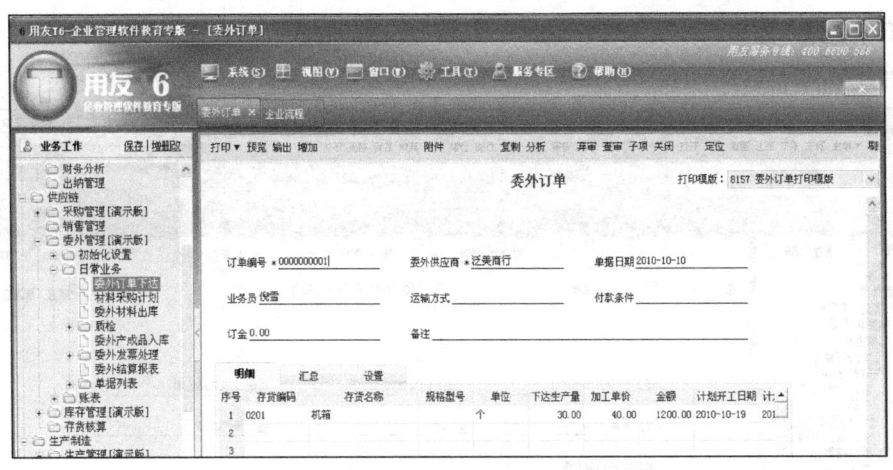

图 5-37　委外订单

(2) 委外发货

委外材料出库单是委外领用材料时所填制的材料出库单据，当从仓库中领用材料用于委外时，就需要填制委外材料出库单。在委外管理系统中，选择"日常业务"|"委外材料出库"，打开"委外材料出库单"窗口，增加一张材料出库单。在表头中，选择仓库为"原材料仓库"，选择需要的委外订单号及委外产品的子项后，在表体部分自动产生出库的委外材料明细，然后保存并审核，表示物料已由委外供应商领用。结果如图5-38所示。

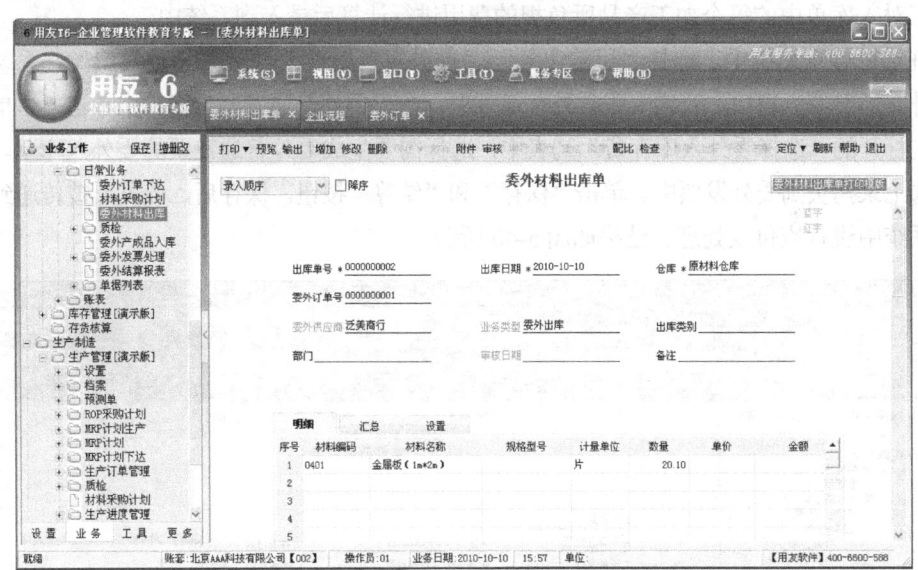

图 5-38　委外材料出库单

(3) 委外入库

委外加工的货物到货后经过检验合格，就可以执行委外入库了。

打开委外管理系统，选择"日常业务"|"委外产成品入库"，打开"委外产成品入库单"

窗口，增加一张入库单。在表头中，选择仓库为"半成品仓库"，选择需要的委外订单号后，在表体部分自动产生入库的产品明细，然后保存并审核。结果如图 5-39 所示。

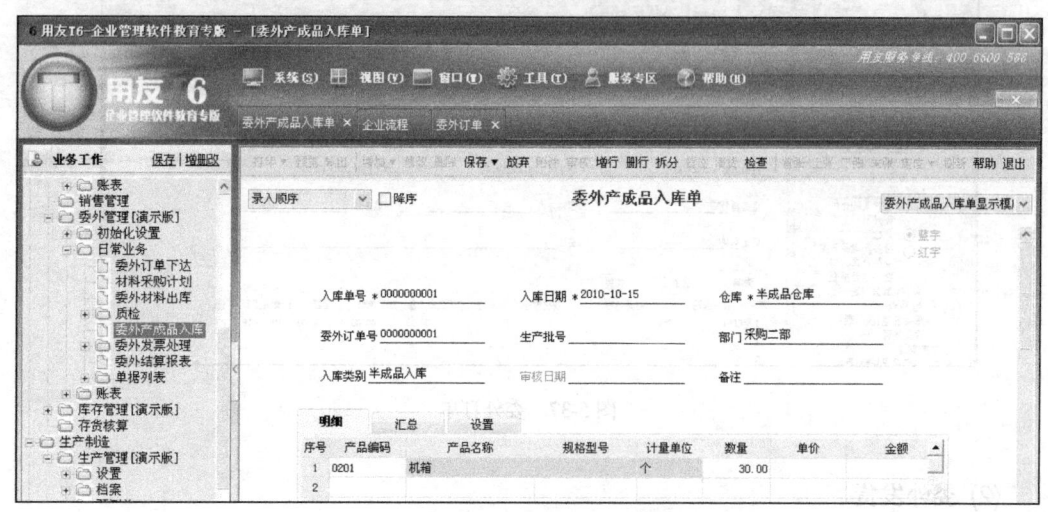

图 5-39 委外产成品入库单

(4) 委外结算

委外发票是委外供应商开出的记载委外件加工费和运费的凭证，系统将根据委外发票确认委外加工成本和运输成本，并据以登记应付账款。委外(运费)发票需要参照入库单生成，由用户手工对入库单中的每个加工产品所负担的费用进行计算后录入到系统中。

在委外管理系统中，选择"日常业务"|"委外发票处理"|"委外普通发票"，系统打开"委外普通发票"窗口，新增一张委外普通发票。在"委外普通发票"窗口中单击"生单"按钮，在打开的"选择委外入库存货"列表中，选择需要生成委外普通发票的委外入库单。系统将所选记录拷贝到委外发票中。单击"保存"和"结算"按钮，保存后，该发票被传递到应付账款系统中进行应付款处理。结果如图 5-40 所示。

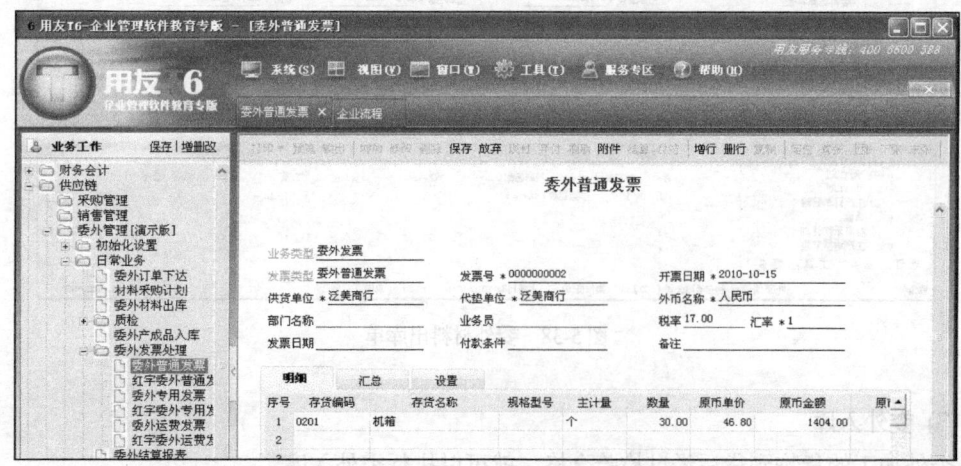

图 5-40 委外普通发票

5. 生产订单业务

在本教程的体验账套中要生产电脑整机，即将原材料采购入库，然后外发给委外加工商进行机箱的生产。机箱入库后，再凭车间生产指令单向仓库领取物料进行生产，最终生产出产成品(电脑整机)。

(1) 生产订单生成

打开"业务"|"生产制造"目录，选择"生产管理"|"MRP 计划"|"MRP 生产计划"，系统打开"生产计划"窗口，如图 5-41 所示，单击"审核"。

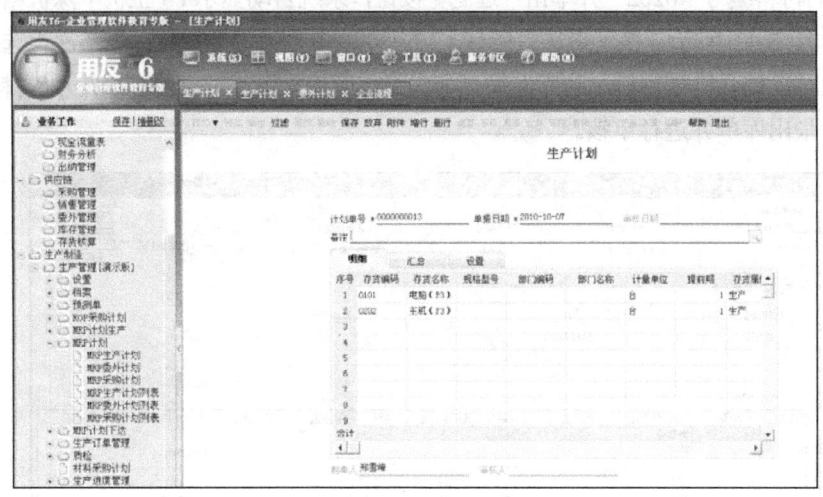

图 5-41　生产计划

在生产管理系统中，选择"生产订单管理"|"生产订单"，系统打开"生产订单"窗口，单击"增加"按钮，然后单击"生单"按钮，选择下拉菜单中的"生产计划"，通过条件过滤打开"生产计划参照表"，选择要生成生产订单的生产计划记录，单击"确定"，便生成生产订单，然后保存并审核，如图 5-42 所示。

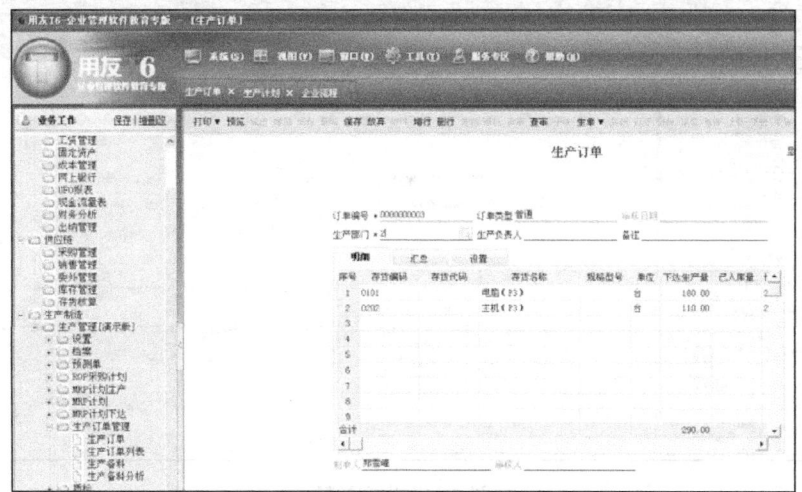

图 5-42　生产订单

(2) 生产领料

车间生产材料员下达领料申请单并送达仓库,仓库根据领料申请单清点发料。生产领料的处理过程与委外发货的处理过程相似,区别是生单来源选择"生产订单"。需要注意的是,此例需要分两批进行领料生产。第一批为生产 P3 主机,于 10 月 16 日领料;第二批为组装 P3 电脑,于 10 月 18 日领料。对生产订单出库要注意区别仓库类型,分批出库,第一次仓库选择"外购品仓库",单击表体部分的生产订单号后面的 图标,打开"选择生产订单和生产的存货"窗口,单击"过滤"按钮,选择所需生产订单号及存货编码,然后在"所属子项"选项卡中输入 P3 主机的材料编号"0202"并单击"过滤"按钮,系统自动显示 P3 主机中除机箱物料以外的子项,如图 5-43 所示,接下来选中所有子项,并单击"确定"按钮;第二次再选择该张生产订单,此时仅剩余机箱物料,仓库选择"半成品仓库"。图 5-44 所示为第一张材料出库单。保存以上两张出库单并进行审核。

图 5-43 选择生产订单和生产的存货

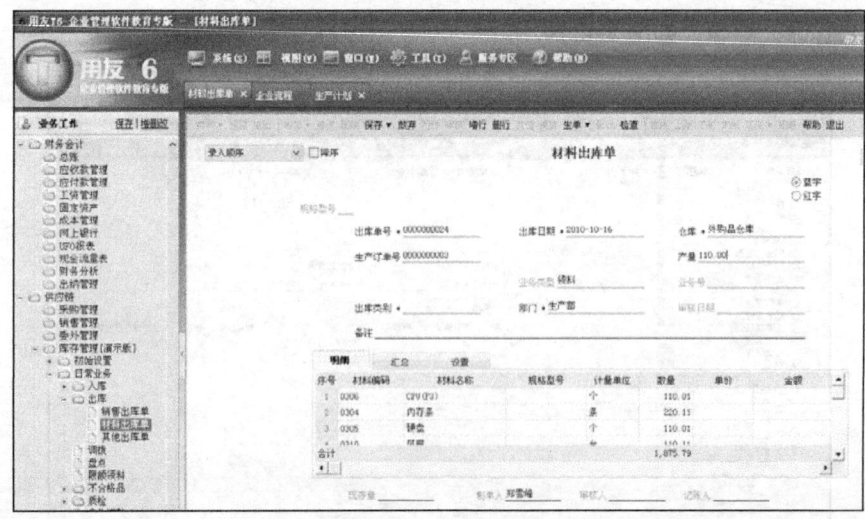

图 5-44 生产领料

(3) 生产完工入库

打开"业务"|"供应链"目录，在库存管理系统中，选择"日常业务"|"入库"|"产成品入库单"，打开"产成品入库单"窗口，新增一张产成品入库单，选择入库仓库，选择产成品入库单生单时参照的生产订单号，系统将列出全部生产订单记录。选择需要生成产成品入库的生产订单号和存货编码，然后单击"确定"按钮，系统将选择的生产订单数据拷贝到产品入库单中，然后保存并审核。产成品全部入库后，需要关闭生产订单。图 5-45 分别给出了半成品和产成品完工入库的处理实例。

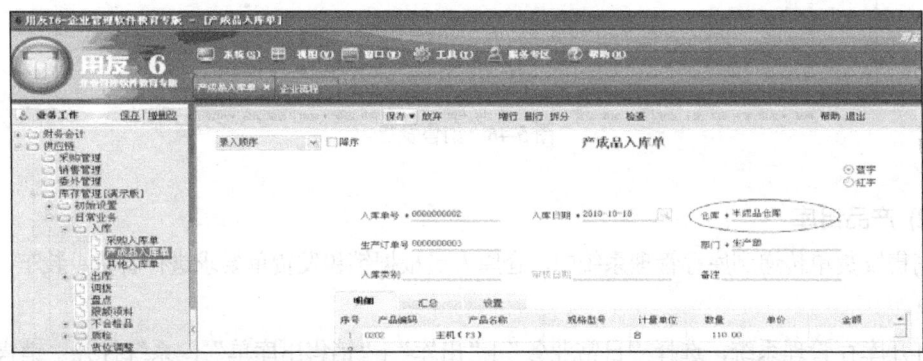

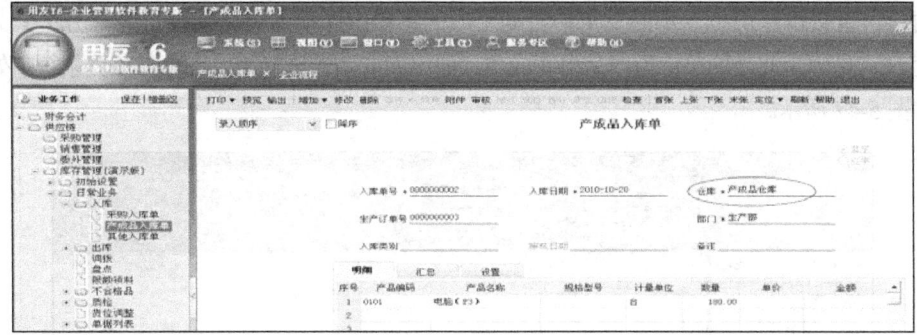

图 5-45　生产完工入库

6. 销售发货业务

(1) 销售部开出发货单

打开"业务"|"供应链"目录，选择"销售管理"|"业务"|"发货"|"发货单"，打开"销售发货单"窗口，新增一张销售发货单，系统将自动提示生成该发货单的销售订单。在"选择订单"窗口中，录入销售订单过滤条件，然后单击"显示"按钮，系统显示尚未执行完销售发货的销售订单，选择需要发货的销售订单和具体销售物品，确定后系统将所选择的销售订单拷贝生成销售发货单，最后保存并审核，结果如图 5-46 所示。审核后将自动生成销售出库单数据。

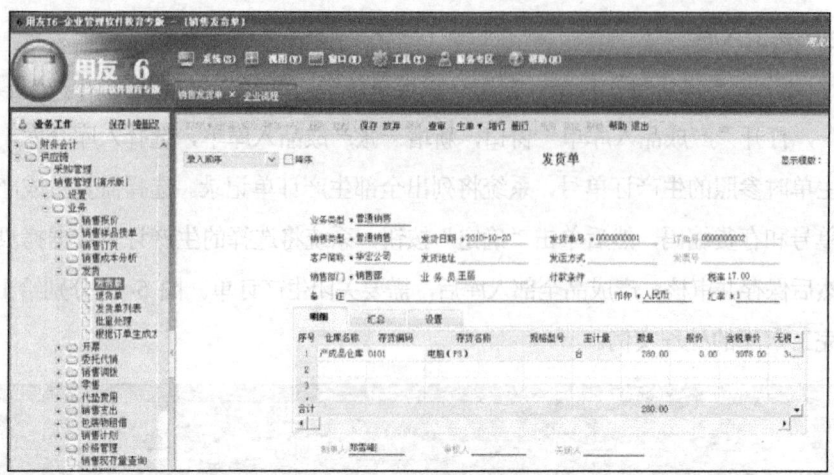

图 5-46　销售发货

(2) 产品出库

销售发货单传递到库存管理系统中，仓库人员根据销售发货单要求进行备货、装车、发货给客户。

打开库存管理系统，选择"日常业务"|"出库"|"销售出库单"，系统打开"销售出库单"窗口。直接审核由上一步的发货单自动生成的销售出库单即可。此时，销售出库单上的单价为空，这是因为此处的单价为产品出库成本，而出库成本的计算需要在存货核算系统中处理，结果如图 5-47 所示。

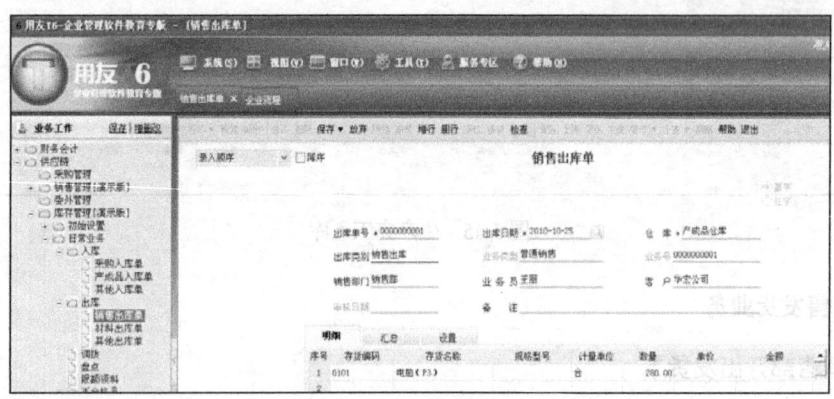

图 5-47　销售出库

(3) 销售开票

销售发票是形成应收款的依据。

在销售管理系统中，选择"业务"|"开票"|"销售专用发票"，在"销售专用发票"窗口中，新增一张销售发票，系统将自动提示选择参照销售订单或发货单生成发票，最后保存并复核，结果如图 5-48 所示。

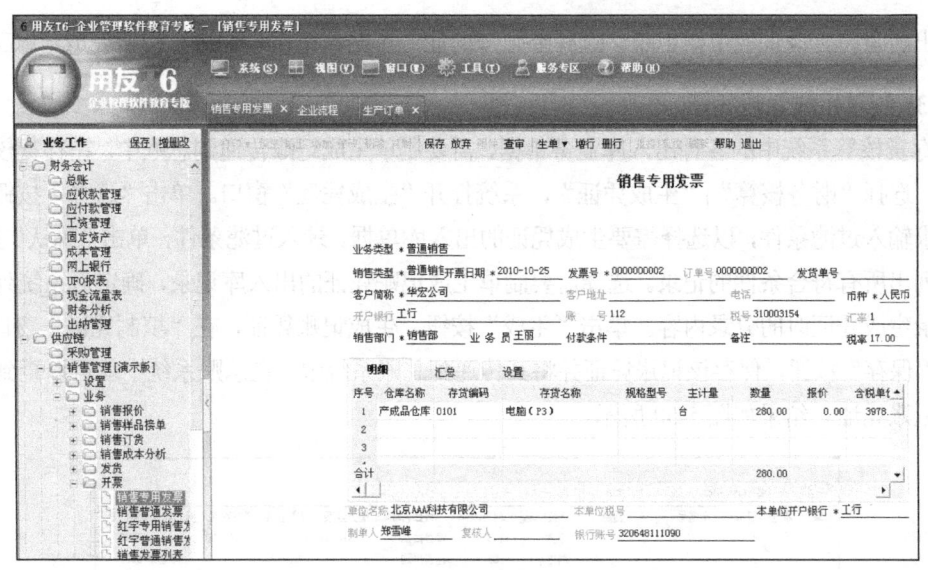

图 5-48　销售开票

7. 存货核算业务

(1) 产成品成本分配

在本教程的体验账套中，产成品的入库成本由材料成本加上车间的加工费用和其他费用组成，而体验账套没有启用成本管理模块，所以产成品入库单中的入库成本需要手工计算，然后使用存货核算系统中的产成品成本分配进行处理。

在存货核算系统中，选择"业务核算"|"产成品成本分配"，打开"产成品成本分配表"，单击"查询"按钮，系统弹出"产成品成本分配表查询"窗口。录入查询条件并确定后，系统列出符合条件的产成品入库记录。手工录入需要分配的金额，然后单击"分配"按钮，系统将自动计算每个存货的产品入库成本，结果如图 5-49 所示。

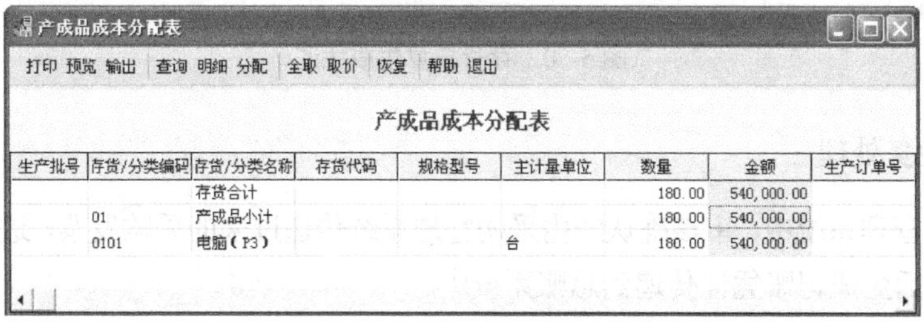

图 5-49　产成品成本分配表

(2) 单据记账

只有经过记账的业务单据才能计算出入库成本。

在存货核算系统中，选择"业务核算"|"正常单据记账"，进行单据记账处理，单击"查询"按钮，系统弹出"正常单据记账条件"窗口，录入查询条件，然后单击"确定"按钮，系

统列出所有符合条件的单据记录。选择要记账的业务单据，单击“记账”按钮完成记账工作。

(3) 制单生成记账凭证

存货核算系统中的各种出入库业务单据，需要制单生成记账传递到总账中。在存货核算系统中，选择“财务核算”|“生成凭证”，系统打开“生成凭证”窗口。单击“选择”按钮，系统要求输入过滤条件，以选择需要生成凭证的出入库单据。录入过滤条件，单击“确认”按钮，系统列出所有符合条件的记录。选择需要制单生成记账凭证的出入库记录，确定后系统列出所选记录生成凭证时的分录内容。单击“生成”按钮，生成记账凭证，在“填制凭证”窗口中，单击“保存”按钮，保存该记账凭证并将其传递到总账系统中，在总账系统中就可以查到所生成的记账凭证。结果如图5-50所示。

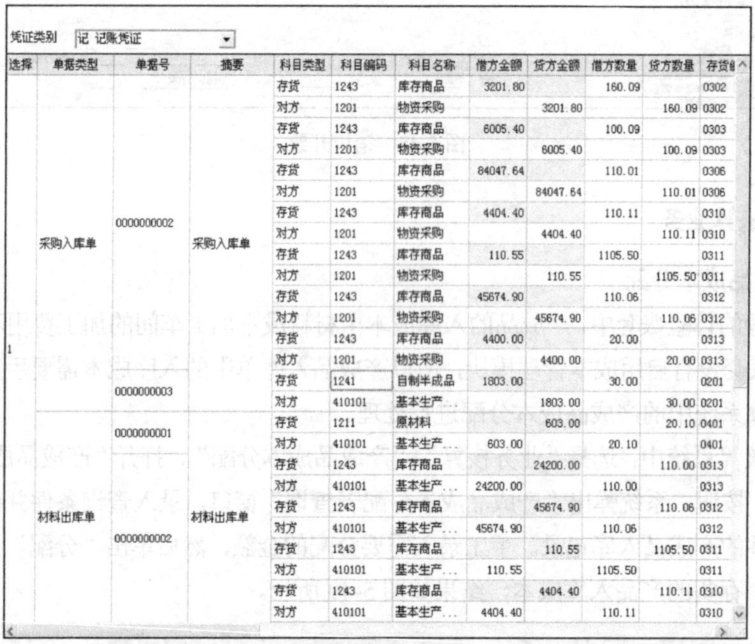

凭证类别 记 记账凭证

选择	单据类型	单据号	摘要	科目类型	科目编码	科目名称	借方金额	贷方金额	借方数量	贷方数量	存货编码
1	采购入库单	0000000002	采购入库单	存货	1243	库存商品	3201.80		160.09		0302
				对方	1201	物资采购		3201.80		160.09	0302
				存货	1243	库存商品	6005.40		100.09		0303
				对方	1201	物资采购		6005.40		100.09	0303
				存货	1243	库存商品	84047.64		110.01		0306
				对方	1201	物资采购		84047.64		110.01	0306
				存货	1243	库存商品	4404.40		110.11		0310
				对方	1201	物资采购		4404.40		110.11	0310
				存货	1243	库存商品	110.55		1105.50		0311
				对方	1201	物资采购		110.55		1105.50	0311
				存货	1243	库存商品	45674.90		110.06		0312
				对方	1201	物资采购		45674.90		110.06	0312
				存货	1243	库存商品	4400.00		20.00		0313
				对方	1201	物资采购		4400.00		20.00	0313
		0000000003		存货	1241	自制半成品	1803.00		30.00		0201
				对方	410101	基本生产...		1803.00		30.00	0201
	材料出库单	0000000001	材料出库单	存货	1211	原材料		603.00		20.10	0401
				对方	410101	基本生产...	603.00		20.10		0401
		0000000002		存货	1243	库存商品		24200.00		110.00	0313
				对方	410101	基本生产...	24200.00		110.00		0313
				存货	1243	库存商品		45674.90		110.06	0312
				对方	410101	基本生产...	45674.90		110.06		0312
				存货	1243	库存商品		110.55		1105.50	0311
				对方	410101	基本生产...	110.55		1105.50		0311
				存货	1243	库存商品		4404.40		110.11	0310
				对方	410101	基本生产...	4404.40		110.11		0310

图5-50 存货核算生成凭证

8. 应付业务处理

在应付款管理系统中，审核确认经由采购管理系统传递过来的采购发票，进行付款核销应付款处理，最后生成记账凭证传递到总账系统中。

(1) 采购发票审核

在应付款管理系统中，选择“日常处理”|“应付单据处理”|“应付单据审核”，系统打开“单据处理”窗口，选择需要审核的单据名称(其中包括由采购管理系统传递过来的已结算的采购发票)，单击“确认”按钮。选择需要审核的单据，然后单击“审核”按钮，即完成采购发票的审核，正式形成了应付账款。图5-51所示的是对委外采购发票和专用采购发票分别进行审核，也可以一起审核。

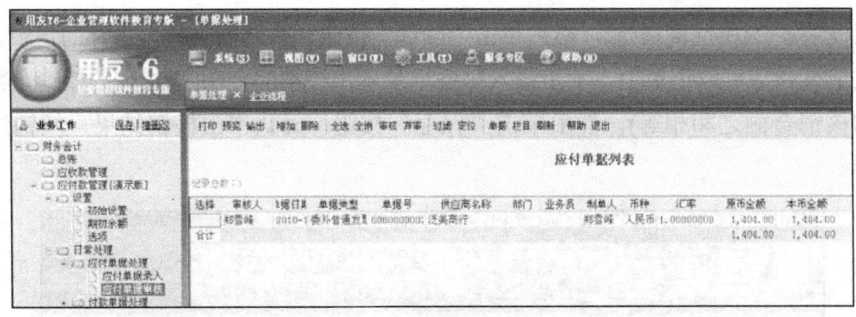

图 5-51 应付款采购发票审核

(2) 付款处理

在应付款管理系统中,选择"付款单据处理"|"付款单据录入",打开"收付款单录入"窗口,新增一张付款单,录入所付款的供应商、付款的结算方式、付款金额等信息,保存并审核该付款单。其中供应商为泛美商行的付款单,结果如图 5-52 所示。按上述方法再增加一张供应商为建昌公司的付款单。

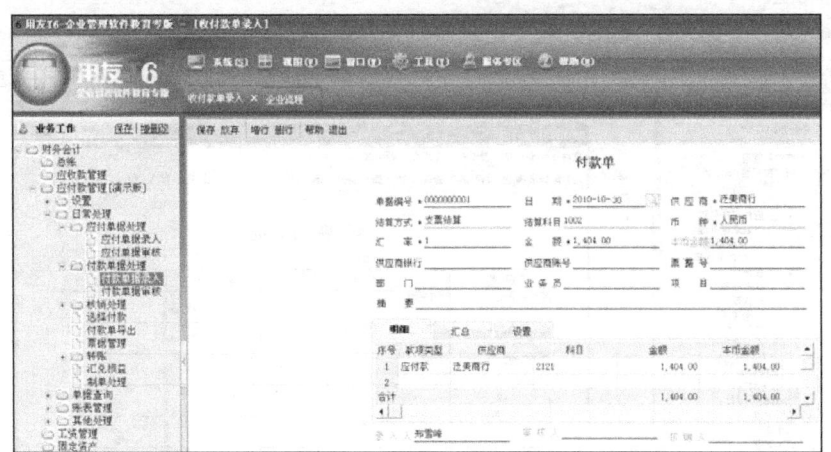

图 5-52 应付款付款处理

(3) 应付款核销处理

将付款给供应商的金额与该供应商的应付款进行核销,即应付款核销。

在应付款管理系统中,选择"日常处理"|"核销处理"|"手工核销",打开核销条件窗

口，录入核销条件(供应商必选)，然后单击"确认"按钮，系统列出符合条件的记录。在所列出的付款记录和应付款记录中，手工录入每条记录本次核销的金额(应付款的核销金额之和须与付款的核销金额之和相等)，然后单击"保存"按钮，确认本次核销结果，核销过程如图5-53所示。

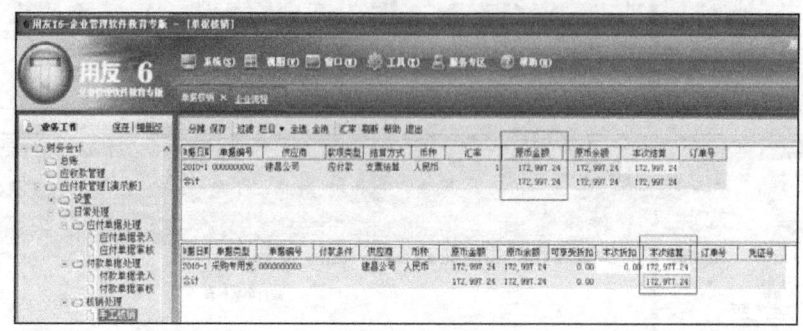

图 5-53 应付款核销处理

(4) 应付业务制单(生成记账凭证)

在应付款管理系统的日常处理模块中，选择"制单处理"，打开"制单查询"条件过滤窗口，录入过滤条件，然后单击"确定"按钮，系统列出符合条件的记录。选择需要制单的记录，再选择标志相同的记录，则代表合并制单。单击"制单"按钮，系统开始制单生成记账凭证。在"填制凭证"窗口中，单击"保存"按钮，则保存该制单凭证，并将记账凭证传递到总账系统中。结果如图5-54所示。

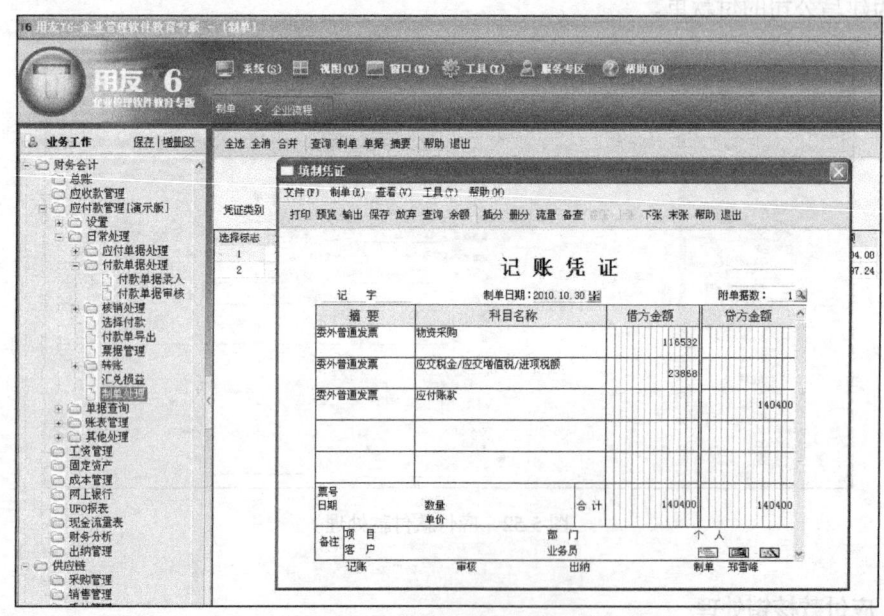

图 5-54 应付款业务制单

9. 应收业务处理

在应收款管理系统中，审核确认经由销售管理系统传递过来的销售发票，进行收款核销应收款处理，最后生成记账凭证传递到总账系统中。

(1) 销售发票审核

在应收款管理系统中，选择"日常处理"|"应收单据处理"|"应收单据审核"，录入应收单据查询条件，然后在系统弹出的应收单据列表中选择需要审核的应收单据，单击"审核"按钮，即完成销售发票的审核，形成应收账款。

(2) 收款处理

在应收款管理系统的日常处理模块中，选择"收款单据处理"|"收款单据录入"，打开"收付款单录入"窗口，新增一张收款单，录入所收款的客户、收款的结算方式、收款金额等信息。然后保存并审核该收款单。结果如图 5-55 所示。

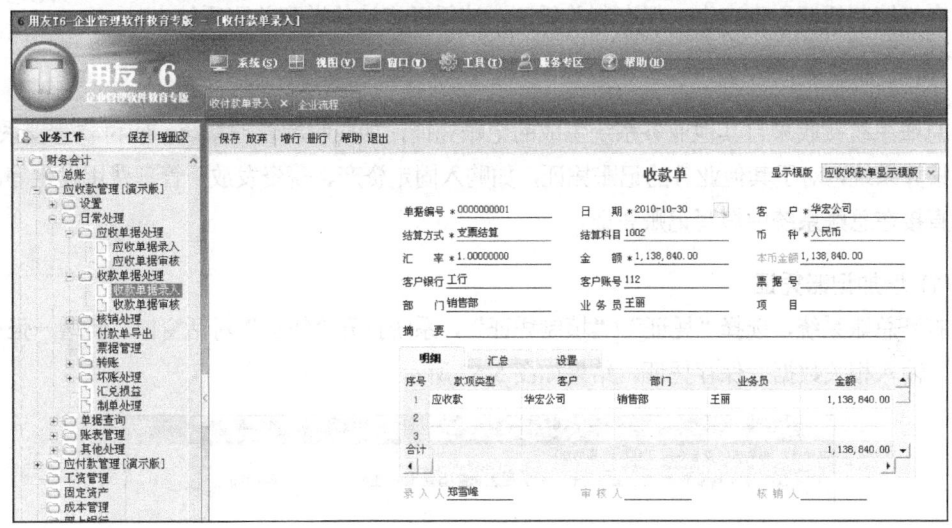

图 5-55　应收款收款处理

(3) 应收款核销处理

将客户的收款金额与该客户的应收款进行核销，即应收款核销。

在应收款管理系统的"日常处理"模块中，选择"核销处理"|"手工核销"，打开"单据核销"窗口，录入核销条件(客户必须输入)，然后单击"确定"按钮，系统列出符合条件的记录。在所列出的收款记录和应收款记录中，手工录入每条记录本次核销的金额(应收款的核销金额之和须与收款的核销金额之和相等)，然后单击"保存"，确认本次核销结果。结果如图 5-56 所示。

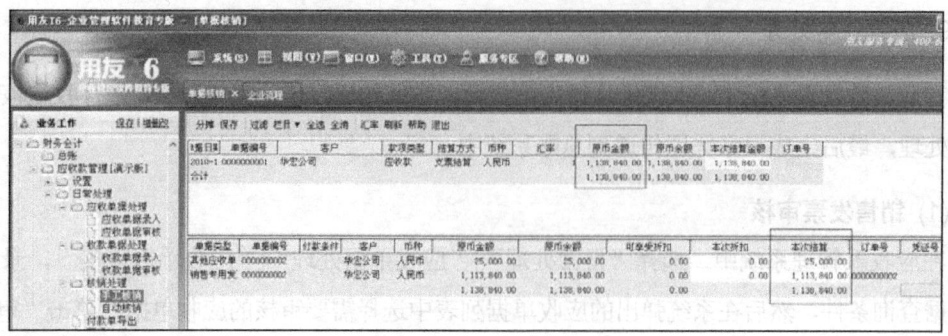

图 5-56　应收款核销处理

(4) 应收业务制单(生成记账凭证)

在应收款管理系统的日常处理模块中，选择"制单处理"，打开"制单查询"条件过滤窗口，录入制单过滤条件，然后单击"确定"按钮，系统列出符合条件的记录。选择需要制单的记录，再选择标志相同的记录，则代表合并制单，然后单击"制单"按钮，系统制单并生成凭证。在"填制凭证"窗口中，保存制单凭证，该凭证将被传递到总账系统中。

10. 总账业务

总账系统接收来自其他业务系统生成的记账凭证，如应收款管理系统、应付款管理系统、存货核算系统，对于其他业务的记账凭证，如购入固定资产、薪资发放、管理费用发生等，则需要直接在总账系统中填写记账凭证。

(1) 增加记账凭证

打开总账系统，选择"凭证"|"填制凭证"，系统打开"凭证"对话窗口，新增一张记账凭证，输入相关数据，保存凭证。结果如图 5-57 所示。

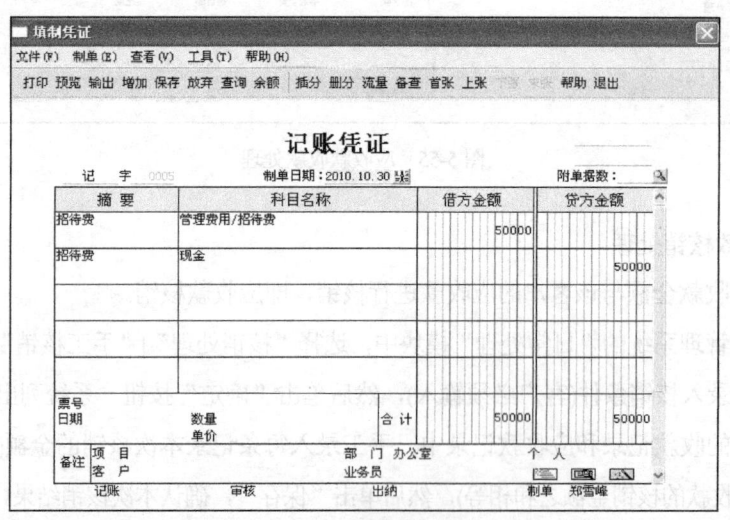

图 5-57　增加记账凭证

(2) 出纳签字

以出纳人员身份(或账套主管身份)登录 ERP-T6 系统，打开总账系统，选择"凭证"|"出纳签字"，系统列出所有需要签字的记账凭证，双击打开需要签字的凭证，单击"签字"按钮完成出纳签字。单击"下张"，进入下一张待签字的记账凭证。结果如图 5-58 所示。

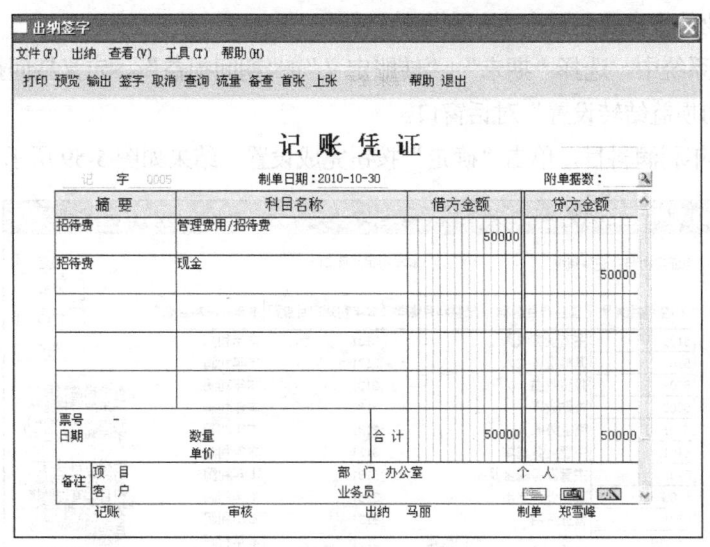

图 5-58 记账凭证出纳签字

(3) 凭证审核

以财务主管身份(或账套主管身份)登录 ERP-T6 系统，打开总账系统，选择"凭证"|"审核凭证"，系统列出待处理的凭证记录，双击打开需要审核的凭证，单击"审核"按钮完成该凭证审核，并自动跳转到下一张待审核凭证。

(4) 凭证记账

以账套主管身份登录 ERP-T6 系统，打开总账系统，选择"凭证"|"记账"，系统打开"记账"处理窗口，录入凭证的记账范围，按提示点击下一步，最后记账成功。

记账凭证经审核签字后，即可用来登记总账和明细账、日记账、部门账、往来账、项目账以及备查账等。本系统记账采用向导方式，使记账过程更加明确。操作步骤如下所示。

① 列示各期间的未记账凭证清单和其中的空号与已审核凭证编号，若编号不连续，则用逗号分割，若显示宽度不够，可用鼠标拖动表头调整列宽查看。选择记账范围，可输入连续编号范围，例如"1-4"表示 1 号至 4 号凭证为此次要记账的凭证；也可输入不连续编号，例如"5，6，9"，表示第 5 号、6 号、9 号凭证为此次要记账的凭证。

② 显示记账报告，是经过合法性检验后的提示信息，如果此次要记账的凭证中有些凭证没有审核或未经出纳签字，属于不能记账的凭证，可根据提示修改后，再记账。

③ 当以上工作都确认无误后， 单击"记账"按钮，系统开始登录有关的总账和明细账，包括正式总账与明细账；数量总账与明细账；外币总账与明细账；项目总账与明细账；部门总账与明细账；个人往来总账与明细账；银行往来账等有关账簿。

(5) 月末转账

在月末时，需要对月末转账的业务进行处理。

在体验账套中，期间损益结转用于在一个会计期间终了将损益类科目的余额结转到本年利润科目中，从而及时反映企业利润的盈亏情况。主要是对于管理费用、销售费用、财务费用、销售收入、营业外收支等科目向本年利润的结转。

① 在总账系统中，选择"期末"|"转账定义"|"期间损益"，定义期间损益结转方式，系统弹出"期间损益结转设置"对话窗口。

② 选择本年利润科目，单击"确定"按钮完成设置。结果如图 5-59 所示。

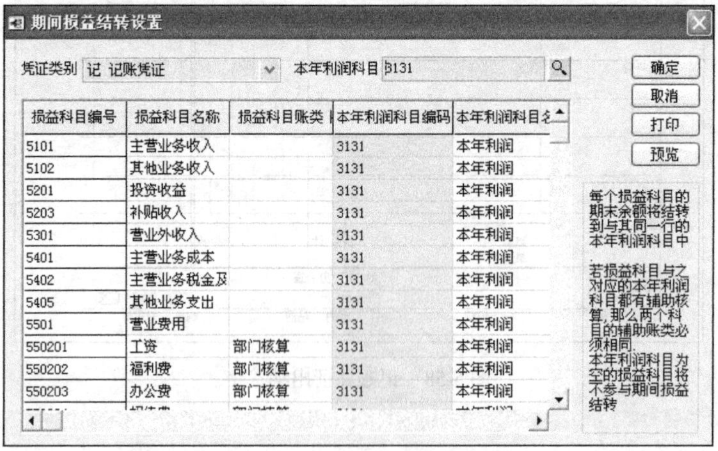

图 5-59 月末转账业务

③ 选择"期末"|"转账生成"，系统弹出"转账生成"窗口，勾选"期间损益结转"，系统列出已经设置好的期间损益结转方式，单击"全选"即所有损益类科目全部结转，确定后系统能够自动生成转账凭证。最后保存此记账凭证。结果如图 5-60 所示。

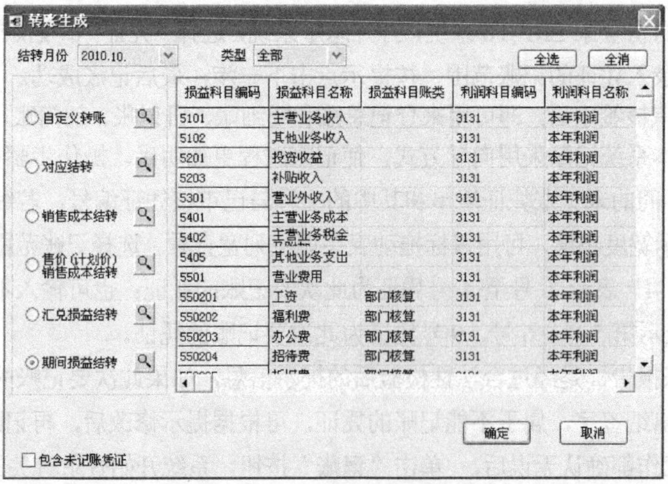

图 5-60 企业转账生成处理

④ 以财务主管的身份登录 ERP-T6，对转账凭证审核，然后再对该转账凭证进行记账。

11. UFO 报表业务

在 UFO 报表中，主要完成资产负债表和利润表的取数处理。

(1) 打开 UFO 报表系统，单击"新建"按钮，建立一张空表。

(2) 选择"格式"|"报表模板"，系统弹出"报表模板"选择窗口，所在行业选择"新会计制度科目"，财务报表选择"资产负债表"，单击"确认"按钮，如图 5-61 所示。系统提示"模板格式将覆盖本表格式，是否继续？"，单击"确定"按钮，系统将新会计制度科目的资产负债表模板显示出来。

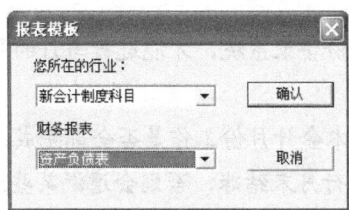

图 5-61　选择报表模板

(3) 系统已经设置整个新会计制度科目的资产负债表的报表格式和取数公式，单击报表左下角的"格式"图表按钮，报表转换到"数据"状态进行取数处理。

(4) 选择"数据"|"关键字"|"录入"，打开"录入关键字"窗口，年录入"2010"，月录入"10"，日录入"31"（即取体验账套 2010 年 10 月 31 日数据），单击"确认"按钮，系统开始进行自动计算取数，最后得到取数结果，如图 5-62 所示。

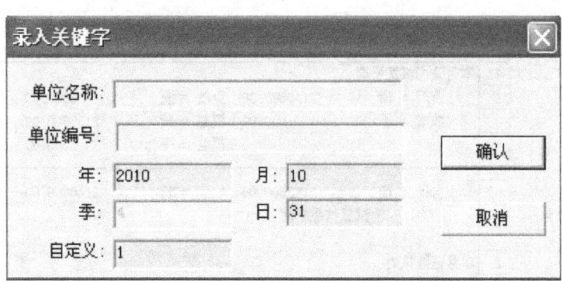

图 5-62　关键字录入

(5) 选择"文件"|"保存"命令，可以将该资产负债表保存起来，以便于以后使用。

(6) 利润表操作类似于资产负债表的操作。

12. 月末结账

ERP-T6 提供了"月末结账"功能，每月进行一次，然后开始下一个月的业务处理。结账后本月不能再填制单据。月末结账顺序如下。

(1) 销售管理系统结账、采购管理系统结账、委外管理系统结账。

(2) 应收管理系统结账。

(3) 采购管理系统结账。
(4) 库存管理系统结账。
(5) 存货核算系统结账(注意,存货结账时,先要进行业务核算的期末处理)。
(6) 应付管理系统结账。
(7) 总账系统结账。

各功能系统需要取消月末结账,必须按结账顺序对各模块逐次取消,比如要取消销售管理系统的月末结账,则首先要取消总账系统的月末结账,然后再取消应收款管理系统的月末结账,最后才能取消销售管理系统的月末结账。结果如图 5-63 所示。

说明:

> 用户只有在当前会计月份登录系统,才能进行当月的月末结账,或者进行上月月末结账的取消操作。
> 结账前,用户应该检查本会计月份工作是否全部完成,只有在当前会计月份所有工作完成的前提下,才能进行月末结账,否则会遗漏某些业务。
> 月末结账之前一定要进行数据备份,否则数据一旦发生错误,将造成无法挽回的损失。
> 不允许跳月结账,只能从未结账的第一个月逐月结账;不允许跳月取消月末结账,只能从最后一个月逐月取消。
> 上月未结账,本月单据可以正常操作,不影响日常业务的处理,但本月不能结账。建议初学者在建立账套时将账套创建日期选择为当年的 1 月 1 日,这样将不会涉及上月未结账而影响本月结账的现象。

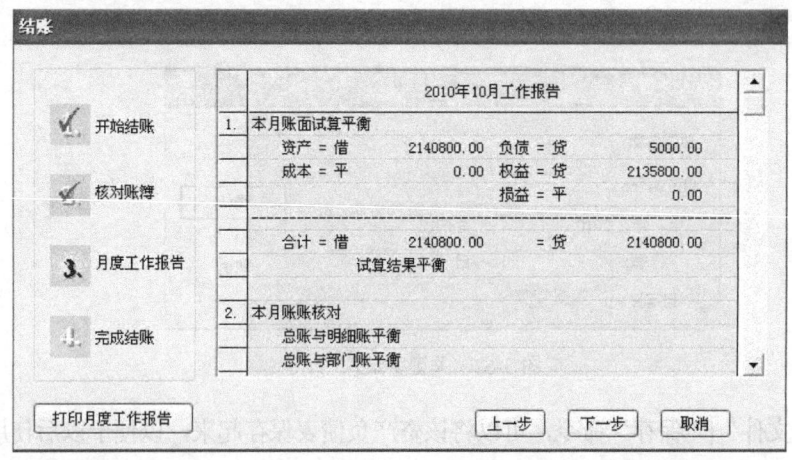

图 5-63　月末结账处理

本章小结

本章通过一套简化的、业务贯通的模拟案例,体验 ERP 的基本操作过程,目的在于熟悉 ERP 系统的运行环境和全流程的基本框架,学会如何对 ERP-T6 进行基础数据的设置,并体会 ERP-T6 中实际业务处理的具体过程,以及相关注意事项。本章的学习是一种自主学习能力的提升，是对实际工作能力的初步训练。从沙盘模拟到软件操作，逐步置身于现实环境中进行业务处理。

但实际上，因为篇幅和综合实训课时的限制，本章所覆盖的 ERP 业务相对很少，还有大量有价值且重要的业务，例如固定资产、薪资管理、车间管理、质量管理等无法容纳在本教程中。另外，ERP 还有很多系统性的处理业务，如自动备份、数据恢复、年度转账等处理本书也没进行阐释，这些还需要读者的深入学习和思考。

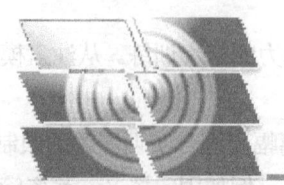

附录1
企业经营流程记录表

运 行 记 录

	手工操作流程	系 统 操 作	手 工 记 录
年初	新年度规划会议		
	广告投放	输入广告费确认	
	参加订货会选订单/登记订单	选单	
	支付应付税(33%)	系统自动	
	支付长贷利息	系统自动	
	更新长期贷款/长期贷款还款	系统自动	
	申请长期贷款	输入贷款数额并确认	
1	季初盘点(请填余额)		
2	更新短期贷款/短期贷款还本付息	系统自动	
3	申请短期贷款	输入贷款数额并确认	
4	应付账款/原料入库/原料订单更新	需要确认金额	
5	下原料订单	输入并确认	
6	购买厂房	选择并确认,自动扣现金	
7	更新生产/完工入库	系统自动	
8	新建/在建/转产/变卖生产线	选择并确认	
9	紧急采购(随时进行)	随时进行输入并确认	
10	开始下一批生产	选择并确认	
11	更新应收款/应收款收现	需要输入到期金额	
12	按订单交货	选则交货订单确认	
13	产品研发投资	选择并确认	
14	厂房出售	选择确认,自动转应收款	
15	新市场开拓/ISO 资格投资	仅第四季允许操作	
16	支付管理费	系统自动	

(续表)

	手工操作流程	系统操作	手 工 记 录				
17	出售库存	输入并确认(随时进行)					
18	厂房贴现	随时进行					
19	应收款贴现	输入并确认(随时进行)					
20	季末收入合计						
21	季末支出合计						
22	季末数额对账[(1)+(20)-(21)]						
年末	缴纳违约订单罚款(25%)	系统自动	/////				
	支付设备维护费	系统自动	/////				
	计提折旧/缴纳厂房租金	系统自动	/////				
	新市场/ISO 资格换证	系统自动	/////				
	结账		/////				

订单登记表

订单号										合计
市场										/////
产品										/////
数量										/////
账期										
销售额										
成本										
毛利										
未售										

产品核算统计表

	P1	P2	P3	P4	合计
数量					
销售额					
	P1	P2	P3	P4	合计
成本					
毛利					

综合管理费用明细表

单位：百万

项　目	金　额	备　注
管理费		
广告费		
保养费		
租　金		
转产费		
市场准入开拓		□区域　　□国内　　□亚洲　　□国际
ISO 资格认证		□ISO9000　　□ISO14000
产品研发		P2(　) P3(　) P4(　)
其　他		
合　计		

利 润 表

单位：百万

项　目	上 年 数	本 年 数
销售收入		
直接成本		
毛利		
综合费用		
折旧前利润		
折旧		
支付利息前利润		
财务收入/支出		
其他收入/支出		
税前利润		
所得税		
净利润		

资产负债表

资　　产	期 初 数	期 末 数	负债和所有者权益	期 初 数	期 末 数
流动资产：			**负债：**		
现金			长期负债		
应收款			短期负债		
在制品			应付账款		
成品			应交税金		
原料			一年内到期的长期负债		
流动资产合计			**负债合计**		
固定资产：			**所有者权益：**		
土地和建筑			股东资本		
机器与设备			利润留存		
在建工程			年度净利		
固定资产合计			所有者权益合计		
资产总计			**负债和所有者权益总计**		

附录2
生产计划及采购计划(举例)

生产计划及采购计划编制举例

生产线		第1年				第2年				第3年			
		一季度	二季度	三季度	四季度	一季度	二季度	三季度	四季度	一季度	二季度	三季度	四季度
1 手工	产品			P1			P1					P2	P2
	材料	R1	R1										
2 手工	产品		P1		R1	P1							
	材料	R1											
3 手工	产品				P1	P1							
	材料	R1											
4 半自动	产品		P1		P1								
	材料	R1											
5 全自动/柔性	产品												
	材料												
……	产品												
	材料												
合计	产品	1P1	2P1	1P1	2P1								
	材料	2R1	1R1		1R1								

附录2 生产计划及采购计划(举例)

生产计划及采购计划编制举例(1-3年)

生产线		第1年				第2年				第3年			
		一季度	二季度	三季度	四季度	一季度	二季度	三季度	四季度	一季度	二季度	三季度	四季度
1	产品												
	材料												
2	产品												
	材料												
3	产品												
	材料												
4	产品												
	材料												
5	产品												
	材料												
6	产品												
	材料												
7	产品												
	材料												
8	产品												
	材料												
合计	产品												
	材料												

生产计划及采购计划编制(4-6年)

生产线		第4年				第5年				第6年			
		一季度	二季度	三季度	四季度	一季度	二季度	三季度	四季度	一季度	二季度	三季度	四季度
1	产品												
	材料												
2	产品												
	材料												
3	产品												
	材料												
4	产品												
	材料												
5	产品												
	材料												
6	产品												
	材料												
7	产品												
	材料												
8	产品												
	材料												
合计	产品												
	材料												

附录3 开 工 计 划

产品	第 1 年				第 2 年				第 3 年			
	一季度	二季度	三季度	四季度	一季度	二季度	三季度	四季度	一季度	二季度	三季度	四季度
R1												
R2												
R3												
R4												
人工												
付款												

产品	第 4 年				第 5 年				第 6 年			
	一季度	二季度	三季度	四季度	一季度	二季度	三季度	四季度	一季度	二季度	三季度	四季度
R1												
R2												
R3												
R4												
人工												
付款												

产品	第 7 年				第 8 年				第 9 年			
	一季度	二季度	三季度	四季度	一季度	二季度	三季度	四季度	一季度	二季度	三季度	四季度
R1												
R2												
R3												
R4												
人工												
付款												

附录4
采购及材料付款计划

产品	第1年				第2年				第3年			
	一季度	二季度	三季度	四季度	一季度	二季度	三季度	四季度	一季度	二季度	三季度	四季度
R1												
R2												
R3												
R4												
材料付款												

产品	第4年				第5年				第6年			
	一季度	二季度	三季度	四季度	一季度	二季度	三季度	四季度	一季度	二季度	三季度	四季度
R1												
R2												
R3												
R4												
人工付款												

产品	第7年				第8年				第9年			
	一季度	二季度	三季度	四季度	一季度	二季度	三季度	四季度	一季度	二季度	三季度	四季度
R1												
R2												
R3												
R4												
材料付款												

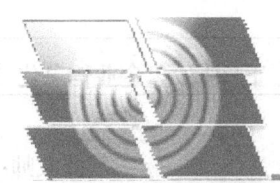

附录5

ERP沙盘企业信息化实训成绩记录单

专业: _____

班级: _____

学号: _____

姓名: _____

ERP 沙盘企业信息化 理论部分考试试题纸

考试时间：_____   任课教师：_____   成绩：_____

请将所有考试题目，按题号顺序，认真写在本试题纸上。如试题纸不够，在教师允许下，可增加活页，并粘贴在试题纸间。

附录5　ERP沙盘企业信息化实训成绩记录单

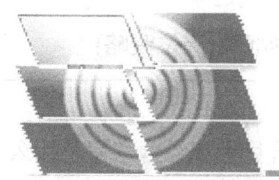

附录6

ERP沙盘模拟任职报告

职务：_____　　组别：_____　　教师：_____　　成绩：_____

1. 他们是谁？我是谁？

未来的两天，你们将是同一个战壕的战友，用下表记录模拟企业中的角色和联系方式。

模拟角色	姓　名	工 作 单 位	职　　务	联 系 方 式
总经理				
财务主管				
销售主管				
生产主管				
采购主管				
信息主管				

2. 企业经营规划(岗位目标)

你担任的角色在模拟企业经营之初准备完成的岗位目标，对公司预计的贡献，准备采取哪些商业策略去完成期望的工作目标。

3. 记录企业应用的战略(岗位策略)

   (1) 企业的经营目标和经营宗旨是什么?

   (2) 我们倾向于何种产品?

   (3) 我们计划怎样拓展生产设施?

   (4) 我们计划采用怎样的融资策略?

4. 企业经营总结(岗位业绩)

   对照岗位目标,总结本人在企业发展中做出的成绩,以及存在的问题和改进之处。

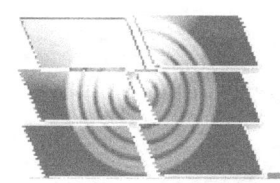

附录7

成绩记录单

ERP 沙盘经营权益与分数记录表

年　度	权　益	分　数
第1年		
第2年		
第3年		
第4年		
第5年		
第6年		

成绩评定：_____　　记录教师：_____

ERP 沙盘企业管理信息化成绩汇总单

	项　目	成　绩
30%	平时出勤(30分)	
70%	理论部分(20分)	
	ERP 沙盘(20分)	
	ERP 软件(60分)	
ERP 沙盘企业管理信息化成绩		

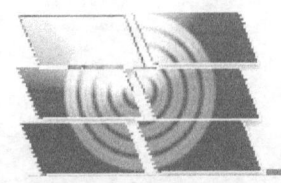

附录8
管理信息化综合实训平台操作简介

本附录提供了基于 B/S 模式的"管理信息化综合实训平台",为读者提供一个免费进行 ERP 沙盘训练的环境。该系统与本书提供的 ERP 电子沙盘系统 V45 版本的功能基本相同,在操作的风格上也保持了高度一致,并且拥有如下一系列新的特征。

(1) 24 小时比赛值守

一旦用户账号注册审批成功后,就可以登录系统进行比赛。在一天的任何时刻,系统将为用户自动创建赛区和赛场,随机选择对手,比赛将自动开始而无需等待其他参赛者。

(2) 人机对抗

在一场比赛系统所创建的众多对手中,用户无法控制对手的类型。可能全部是人类对手,可能全部是机器对手,更可能是两者兼有的混合模式。随着用户比赛经验的积累,系统匹配的对手实力也将不断增强。

(3) 累分赛制

只要一直使用已注册的用户账号进行比赛,用户每一次比赛的成绩都会被严格记录下来。按照比赛成绩进行积分,满足一定积分则达到某一等级,系统将开放更多的管理信息化实训功能。

1. 系统注册与登录

登录"管理信息化综合实训平台"的网站后,需要先注册。在注册页面填写必要的信息后,系统将向你填写的个人邮箱发出激活邮件。激活邮件后,注册的账号即生效。从网站登录后,系统将自动为你选择相应的赛区,在短暂的对手匹配后,比赛自动开始,如附图 8-1 所示为赛区注册过程。

登录时注意要保持服务器连接的畅通。

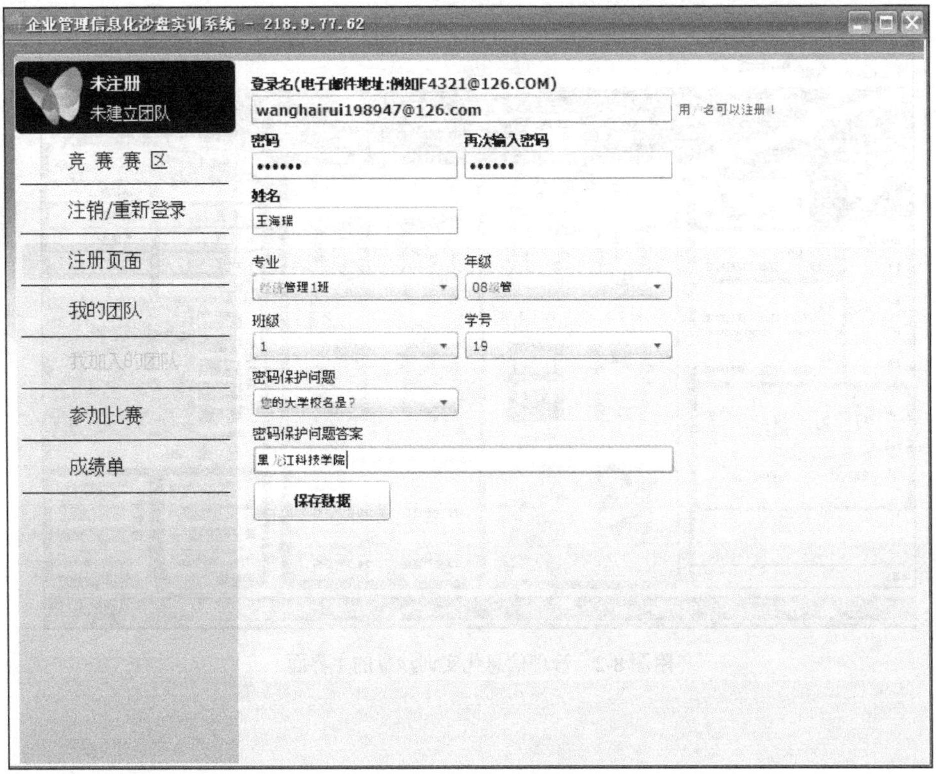

附图 8-1 赛区注册过程

2. 主界面

整个主界面被分为业务运行区和业务拓展区，在业务运行区，当前可以使用的功能为高亮显示，单击按钮即可进行业务处理，完毕后推进到下一步；在业务拓展区，包括更多的业务处理功能，如手工流程仿真、自动报表、可视化盘面、间谍功能，以及 T6 对应处理的连接，如附图 8-2 所示。

3. 业务扩展

拓展业务包括企业经营规则、市场预测、网上竞单、竞拍投标、订单查阅、成果展示、数据分析、紧急采购、出售库存、产品交易、原料交易、出售厂房、应收贴现、业务回退、公司信息等。业务扩展区的项目可以在经营过程中随时操作，属于自由业务。需要注意的是，在提交报表后，大部分功能被限制使用。

4. 信息化功能

通过自定义企业经营流程和 ERP 模拟业务流程，实现与现有各种 ERP 沙盘系统的集成对接，采用流程化图解方式进行教学，通过流程图形式对分岗实训进行引导提示，对企业信息化岗位进行设定，提高学生 ERP 分岗实训体验效果，同时实现实训教学与考核同步进行。

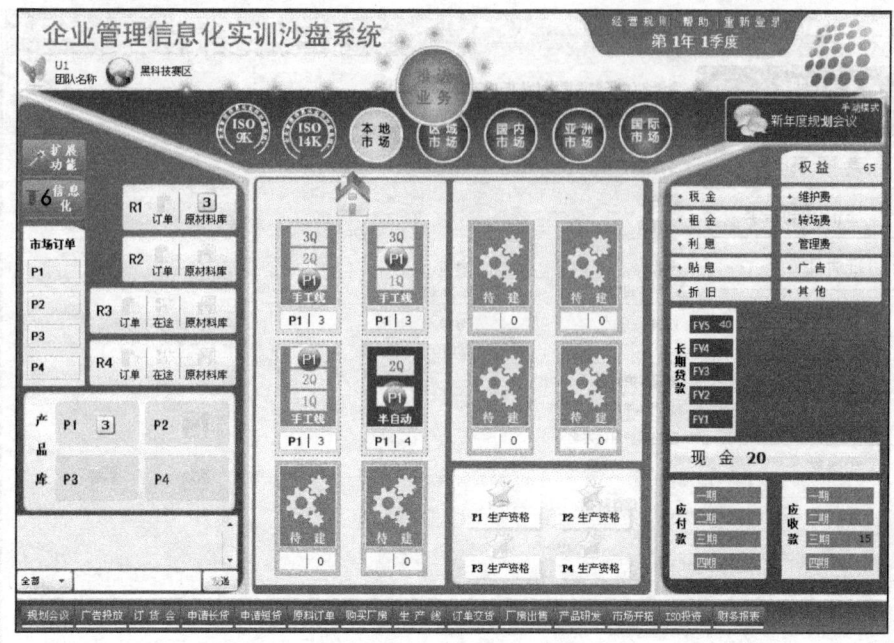

附图 8-2　管理信息化实训沙盘的主界面